教師の仕事がブラック化する本当の理由

喜入 克
Kiire Katumi

草思社

目次

第2章　外の世界が押し寄せる　カルチャースクール化する学校

第3章　教育はいまや商品・サービス　強制される部活動顧問

第4章　知識なき管理職　尊重されない専門家

第5章　教師は「都合のよいドラえもん」　自由も自主もない現場

第6章　教育行政が現場を支配　はびこっていく官僚主義

はじめに　**学校と教師がかかえる悪循環**

「ブラック企業」なる新語がすっかり定着し、従業員の長時間労働や人権蹂躙《じゅうりん》などが問題視されるようになった。

ところが、これは企業ばかりでなく、現在の学校の問題でもある。教師の仕事もまたブラック企業と同様に「ブラック化」する傾向にある。

このことは報道などによって人々にだいぶ知られるようになったものの、「ブラック化」の中身については、教師の仕事量の多さしか語られていない。対応策についても、教師の「働き方改革」＝仕事量の軽減だけが論じられている。

だが、教師の仕事がブラックであるほんとうの理由は、質的な問題にある。量的な問題は、その結果に過ぎない。

では、学校と教師の仕事がかかえている質的な問題とはなにか。

本書でそれを述べていくのだが、この問題が厄介なのは、そこに、誰も反対することのできないような「正論」が展開されていることだ。

例えば、「自由な社会では、教育も自由でなければならない」と言われたら、誰もがなんとなく、悪いことではないような気がするだろう。

その流れから、学校では従来禁止されていたものが、つぎつぎに自由化されるという動きがある。髪型や服装の自由化、登下校中の寄り道の自由化、スマートフォンの持ち込みの自由化……等々。

さきほどの「正論」にしたがえば、どの自由化も正しく、望ましい改革のように思えるかもしれない。だが、そうした自由化を、誰もがいつでも適切に管理できるわけではない。結果として、さまざまな混乱が生じる。

例えば、スマートフォンであれば、授業中でもいじってしまう。SNS（ソーシャル・ネットワーキング・サービス）を使ったいじめが起きる。さらに、紛失をめぐってトラブルが生じる。こうして、携帯電話にまつわる学校の指導は、飛躍的に増えていってしまう。

そうした指導の中から、いわゆる「ブラック校則」と呼ばれる、一般社会から見れば少々おかしく見える校則、行き過ぎに思える校則も生まれてくる。

さきほどのスマートフォンを例にとれば、授業中にいじってしまう生徒に対して、最初は、担任からの注意、その次に学年指導、それでもダメなら生徒部指導と、どこまでも指導が進んでいってしまう。なぜなら、携帯電話依存症のような生徒だと、どれだけ指導しても携帯電話を手放せないからである。

このような段階を踏んだあと、最後の指導として、携帯電話の「預かり指導」が出てくる。ところが、世間は、この最後の段階だけを捉えて、「学校が勝手に私物を取り上げている」「子どもの人権を踏みにじる行為だ」と非難する。

こうした悪循環こそが、学校と教師の仕事がかかえている質的な問題であり、教師の仕事をブラックなものにしている元凶である。

そして、残念ながら、今の学校には、ほかにもたくさんの悪循環がある。

学校と教師にまつわる悪循環を、教師の仕事がブラック化していく「基本的なサイクル」としてまとめると、次のようになる。

1　一見すると、誰も反対できない正論が語られる。
2　その正論が悪循環を生み出す。
3　その悪循環によって、教師がブラック化していく。

こうした悪循環を解決するためには、基本的に、次の二点が大切になるだろう。

正論を見直すこと。または、正論に対抗する教育の論理を明確にすること。

悪循環を止めるための具体的な解決策を考えること。


重要なことは、悪循環の発端や背景に「ないものねだり」があることだ。

例えば、少子高齢化社会では、誰もが高齢者の福祉予算の増額を望む。だが、人々の生活スタイルが変化しているので、出生率は上がらない。国の予算には限度がある。「生活スタイルを変えろ」とか「国が予算を出せ」と言ってみてもムダである。それは「ないものねだり」に過ぎない。そうではなく、この悪循環をどう理解して、どう具体的な解決策を出すかが求められているはずだ。

同様に、学校と教師がかかえる悪循環もまた、どう理解して、具体的な解決を提示するかが、われわれに求められていることなのではないか。

今、それを早急にやらなければ、教師という仕事のブラック化はますます進行し、優秀な若い人たちが「なりたくない」職業になってしまうだろう。そうなって困るのは、結局のところ、学校に通う子どもたちなのである。


私が都立高校の教師になったのはおよそ三〇年前。その頃には「ブラック」などという言い方はなかったし、学校の様子も今とはずいぶんとちがっていた。三〇年のあいだに学校はすっかり変わってしまった。

私は途中、副校長を七年間務めたりもしたが、思うところがあって、一教師に戻った。そのような管理職の経験も踏まえつつ、今の教師と学校と教育がかかえる問題をあきらかにし、現役教師である私なりの解決策を示したい。

第1章

生徒に振り回される教師たち

最優先は子どもの命

誰も反対できない正論＝「命を守る」

今、学校教育の中心にあるのは「子どもの命」を守る教育だ。

それは、誰も反対することができない「正論」である。現在の日本では、人命が最高の価値であり、その最高の価値を守ることは当然であると受け止められる。

だが、その現実は、かなり無残なものである。

校長の多くが、「学校経営方針」の最初に、子どもの命を守る教育をかかげている。子どもたちに対する校長講話では、「私の役割は、みなさんの命を守ることです」と語り、教師に向かっても、「学校では、子どもの命を守る教育が最優先である」と訓示している。

つまり、子どもの命を守る教育は、学校において、このところの流行となっているのだ。

新入生を迎えて学級開きをするとき、また、上級生がクラス替えをして学級開きをするとき、最初に最も手間をかけるのが、生徒の「命を守る」ための保健的な調査や指導である。

子どもが病気や障害や発達障害をかかえていないか、食物アレルギーはないか、家庭での虐待や健康不安はないかなどを徹底的に調査する。問題があれば、学校が中心になり、関係諸機関と連携して指導する。この指導は際限がなく、教師はきわめて多忙となる。

また、生徒が家出をすると、大変である。家出した子どもは自殺する可能性があると見なされ、管理職（校長・副校長・教頭）から教師へ、徹底的な捜索が指示される。

生徒が家出するたびに、教師はあらゆる伝手《つて》をたどり、警察の捜索に協力し、教育行政への報告文書を作成する。通常の学校業務がすべて停止になるほどの騒ぎになる。

ところが、たいていの場合、生徒は「遊んでいました」と、悪びれもせず帰ってくる。周囲にさんざん迷惑をかけたわけだが、指導はいっさいおこなわれない。

「生徒が死ななくてよかった」がすべてであり、子どもの命以外の価値は、そこにない。

事件のたびに自殺の心配

学校では昔から、いじめや窃盗やカンニングなど、さまざまな事件が起きている。今は、そうした事件のたびに子どもの自殺の危険が意識されるようになった。

例えば、いじめを受ければ、誰もが自殺をする可能性があると見なされる。

自殺する可能性のある生徒を、一瞬たりとも一人にしておけず、教師たちの指導の手間は際限なく拡大する。

こうした風潮が強まると、本人は、自分はちがう、自殺なんてしないと言えなくなってしまう。周囲の者たちも、彼／彼女はちがうと言えない。誰もが等しく、いつか自殺したくなるかもしれないと見なされる。その結果、指導の仕方もマニュアル化されて、どの子どもも一律に、同じように扱われることになる。

誰もが等しく「自殺し得る者」になると、それを予防するための「自殺予防教育」なるものに取り組むようになる。事前に自殺のサインを読み取り、学校、家庭、専門家と連携して、子どもの自殺を防止するための教育である。それがマニュアル化され、実行するように義務付けられている。

自殺を教育によって食い止めることができるという前提そのものが、私には、不遜な思い上がりとしか思えない。人間の命は、複雑で謎だらけである。

だが、マニュアルによって自殺を「予防」できると考える人たちは、そうは考えない。人間の命を刺激によって反応する「生物の命」としてしか見ていない。だから、刺激と反応に対応すれば、つまり、サインを読み取って対応しさえすれば、自殺を防ぐことができると考えるのである。

臨海学校も「危ない」から中止

子どもの命を守る教育が重視されると、指導の順序や価値が逆転してしまう。

例えば、次のような子どもの問題行動があったとする。

〔A〕子どもが校舎二階の窓に座ってふざけている。

〔B〕子どもがふざけて窓ガラスを割る。
〔C〕子どもが教師に対して暴言を吐く。
指導の重要度に優先順位をつけるとすると、〔A〕〔B〕〔C〕の順と、私が副校長時代に受けた管理職研修で教えられた。

基準は、子どもの命を傷つける度合いの大きさである。

価値は、子どもの命を守ることだけにある。だから、例えば、子どもが教師に対して暴言を吐くことの危険性を不当に低く見積もってしまう。

教育が、子どもの命を守ることだけを目標とするようになると、子どもの命を奪う危険性のあるものは、極力なくしたり取り去ったりするようになる。ジャングルジムの撤去、臨海学校の中止、屋上やバルコニーの閉鎖……等々。たとえそれが教育的に有意義であったとしても、である。

それはやがて、子どもだけの空間を、子どもの命を傷つける危険性のあるものと見なすようになる。例えば、子どもだけで川に行く、子どもだけでサイクリングに行く、親のいない家で子どもだけで遊ぶなど、親の目の届かない、子どもだけの空間では、なにが起こるかわからない。だから、これらの場所で遊ぶことを禁止してしまう。だが、ほんとうは、こうした子どもだけの空間からこそ、子どもは多く学ぶのだ。

ただ生きているだけの命は尊いのか

学校では、あらゆる種類の安全教育がくりかえされる。年四回の避難訓練、年二回のセーフティ教室、変質者などからの子どもの「見守り」活動、地域のパトロール、警察と連携した「〇〇安全教室」など、無数のプログラムがある。自殺予防教育も、その一つだ。

そこにはほとんど中身がない。これらの安全教育は、「命とはなにか？」という哲学を欠いているからである。

これらの安全教育はどれも、「ある日突然に降りかかる命の危険」、すなわち自然災害、火事、犯罪、交通事故、自殺衝動などに対して、「なんとかして生き延びましょう」という訓練にしかならない。生徒にしてみれば、「ある日突然に降りかかる命の危険」について、ただそれだけの防止策を言われても、他人事にしか聞こえない。

むしろ、そのとき人はどのように生きるのか、また、死ぬのか、命とどのように向き合っているのか、命とはなにか、命の前で人間とはなんなのかといった問題が問われなければ、意味のある教育にはならない。

子どもの命を守る教育は、「ただ生きているだけ」の命を最高の価値としている。その最高の価値を守るためなら、従来の教育が犠牲になってもかまわない。あるいは、教育的な価値が逆転してもかまわない。

教師はただひたすら、最高の価値としての子どもの命を守り保護する番人のような存在になってしまっている。

このような教育は、われわれ日本人がもともともっていた「平等な命」という感じ方を過度に強めてしまい、学校教育に悪影響を与えている。

平等な命とは、「人間は本来、生まれながらにして誰もが平等である」という意識である。平等な命が、人間的な努力とは無関係に、ただ生きていることだけに価値があるという、生物としての平等になってしまうと、たとえ子どもであっても、「私は傷つきました」と言えば、生物としての平等を理由に、教師の教えを拒否することができてしまう。

「死にたい気持ち」への過剰反応

高校生のFさんは、三年生になってから急に、「学校に行けない」と言い出した。その理由は、クラスにいると、中学校時代のいじめのフラッシュバックが起きてしまい、「死にたい気持ちになる」からだった。

解決のためにFさんが希望したことは、同じ中学出身の友人がいるクラスへの移動だった。

彼女の担任と学年主任から、そのことを聞いた校長は、「自殺の危険があるのなら、超法規的な措置も許可する」と判断し、Fさんは、年度途中でクラスを移動することになった。これはあきらかに、自殺への不安から、子どもの命を守ることが最重要課題になってしまったために生じたことである。

通常であれば、教師たちがFさんと粘り強く向き合って、まずは、現在のクラスに残る努力をするはずである。あるいは、スクール・カウンセラーや専門機関に相談をして、別のアプローチを探ることもできる。そのうえで、他校への転学という手もあったはずである。

通常の教育的な努力がなされず、すぐにFさんのクラス移動が実現してしまったのは、ひとえに、Fさんが「死にたい気持ちになる」と言い、学校がそれに応じて動いてしまったからなのである。

だが、重要なのは、「学校の限界」を明確にすることだ。つまり、子どもが「死にたい」と言い出したら、学校がすぐに対応せずに、まずは医療に任せてみる。

学校は、医療の専門家でないのだから、子どもが「死にたい」と言い出したら、そのことには責任がもてない。そうはっきりと子どもや保護者に言って、医療的な対応に任せてから、学校としての対策をするべきである。

子どもの「参加しない自由」

最近の学校の平和学習においては、子どもの「参加しない自由」が確立している。

この場合、最も熱心な平和学習の推進者の教師が、同時に、最も熱心に「参加しない自由」を主張したりする。

例えば、長崎の修学旅行で、子どもが原爆の展示を見たり、講演者の講演を聞いたりして、その残酷さに「気分が悪くなる」のであれば、展示を見たり聞いたりしなくてよいのである。

戦争が子どもの命を傷つけるのが許されないように、平和学習が子どもの命を傷つけることも許されないのである。

こうして、修学旅行における平和学習は、生徒自身の申し出によって、「受けない自由」が確立された。つまり、子どもの命が傷つけられることを理由にして、教育が回避されてしまうのだ。

まずは「先生が謝ってください」

平和学習で起きていることは、日常的な学校の教育活動でもしばしば起きている。例えば、下駄箱で上履きに履き替えずに、土足のまま校内に入ってきた生徒に対して、教師が「ダメじゃないか！」「上履きを履きなさい！」と大声で注意をすれば、教師はその生徒とトラブルになってしまうことがある。

その生徒にしてみれば、「土足に気づかなかった自分が悪い」のは認めるが、それとは別に、大声で叱られることに「傷ついた」からである。子どもは、「まずは、先生のその言い方について謝ってください」と要求してくる。そして、その要求に教師が応えなければ、指導が始まらない。

じつは、このようなことは、学校の中では、あちこちで起こっている。

チャイムが鳴っても教室に入らない生徒を注意するとき、授業中におしゃべりをやめない生徒を怒るとき、掃除をさぼった生徒を問いただすとき、同じように「先生のその言い方に傷つきました」と言う生徒がたくさんいる。なかには、「なんでオレだけ？」とか「みんなやっているじゃないか」などと言うこともあるが、根底にある生徒の思いは同じである。

問題が厄介なのは、生徒本人が、「私は死にたい気持ちになる」とか「私は傷つきました」と訴えたら、それがすべて最優先の事実になってしまい、それ以外の事実が省みられなくなることだ。

子どもたちは、そうした最優先の事実を言い訳にして、ほんとうに直視しなければならない、それ以外の事実から目をそらしてしまっているのだ。

重要なのは、子ども自身が傷ついたという事実が客観的にどういう意味をもっているのかをしっかりと考えることである。その事実に関係する人たち全員ときちんと対話して、事実についての判断を共有していく努力が必要なのだ。

ところが、そうしたことが、今の学校ではできなくなっている。教師は、「私は傷つきました」と言う生徒の後を、ただついていくばかりである。教師はいつまで経っても、生徒にとっての最優先の事実について、ついていくだけで、教育すること、すなわち対話して、事実についての判断を共有することができない。

教師が子どもを教育できない、以上のような状況は、学校の中でかなり進んでいる。

生徒に値踏みされる教師たち

昔から学校では、「どの先生が言ったことでも、言うことを聞きなさい」と子どもたちに言ってきた。

例えば、若くて優しい女の先生から「携帯をしまいなさい」と言われても、ベテランで強面の教師から「携帯をしまえ」と言われても、生徒は同じように言うことを聞くべきだと教えてきた。「誰が」「どのように話すのか」ということよりも、言葉の内容とその普遍性が重視されてきたからである。

だが、今の子どもたちは、自分の感じる最優先の事実を大切にして、「それ以外の事実」から目をそらしている。普遍性よりも、自分の受け取り方・自分の感じ方を優先する。「誰が」「どのように話すのか」のほうを大切にする。

そうなると、子どもたちは、「弱い先生」や「自分にとって大切でない先生」の言うことを聞かなくなってくる。

子どもたち一人一人が、自分の感じる「先生の好ききらい」に応じて、教師を値踏みするようになるのだ。しかもまた困ったことに、管理職や教育行政は、子どもたちの教師の値踏みを肯定して、「むしろ教師の側こそが、生徒にきらわれないように努力をせよ」と指導するようになったのである。

教師たちが、日々生徒と接していて非常に疲れてしまうのは、生徒からつねに値踏みされているからなのである。

「自分なりの思い」しか見えない

普遍性よりも、「誰が」「どのように話すのか」に重きを置く、子どもの値踏みが広がっていくと、学校が子どもたちに伝えようとしている客観的事実が危うくなってくる。つまり、子どもたちは、客観的事実よりも、自分自身の生物的な（動物的な）思いのほうを重視する。

例えば、ある学校である生徒が、ＳＮＳ上にバイクの写真とともに「校長をひき殺す」とコメントしたことがあった。教師は、その客観的事実の善悪を伝えようとした。ところが、それがうまくいかない。生徒は、「これは冗談なのに、それで生徒指導になるなんて信じられない」と抗弁する。自分なりの思いを優先するのである。

彼らにとっては、客観的事実よりも、自分の主観的な真実のほうが大切で、「自分がこう思っている気持ちを否定しないでほしい」と訴えてくる。これに対して、教師の側が、「君の思いがどうであろうとも、これは客観的に見て犯罪的である」とわからせるのは大変である。少なくとも、以前より時間のかかることになってしまったのである。

福祉・医療・保健まで学校の仕事

子どもの命を守る教育には、もう一つ別の、とても困った問題がある。それは、この子どもの命を守る教育が、従来の学校では取り扱わなかったようなことを、無数に取り扱うようになったことである。

以前の学校なら、学校の勉強以前の問題だったこと、すなわち福祉的なこと、医療的なこと、保健的なことが、すべて学校の教育対象となってしまった。

直接に子どもの命に関わるものとして、子どもの家出、親のネグレクト、家族の不和、家庭内暴力、貧困、自傷行為、自殺、交通事故、犯罪、自然災害などへの対応。また、子どもの「心身の障害や発達障害」に関わるものとして、神経症、自閉症症候群、境界性人格障害、不登校、摂食障害などへの対応……等々。

子どもの命という場合の「子ども」とは、学校に来る以前の「まる裸の人間」「ただ生きているだけの人間」のすべてである。

それにともない、カウンセリング、メンタル・トレーニング、ソーシャル・スキル・トレーニングなど、新たな教育技術がつぎつぎと生み出されていった。学校教育は飛躍的に拡大していき、教師たちはその対応に追われることになった。

日本の教師にはもともと欧米の教師たちのように「授業だけに責任をもつ」という考えが薄く、「子どものことをまるごと理解するべきだ」と考える。いまやそれが「まる裸の人間」すべてにまで拡大している。

これに歯止めをかけなければ、例えば、「学校教育が責任をもつのは生徒が校門を入ってから出ていくまでのこと」といった制限をかけなければ、教師の仕事は過酷できついブラック職種になっていく一方である。

「生徒という枠」を決めて教育すべき

あらためて言うまでもないことであるが、学校は、子どもが学校に来る以前の「まる裸の人間」「ただ生きているだけの人間」を教育することなどはできない。

子どもたちにはそれぞれ個性があるが、「生徒という枠」に入っているからこそ、教育することができる。教師は、それ以前の「人間そのもの」や「子どもそのもの」を教育することはできない。

子どもたちが校門をくぐったところから、彼らは、「生徒」という枠に入れられる。A君、Bさん、C君……という具体的な子どもの一人一人は、性格や能力もちがうが、彼らが校門をくぐったら、生徒という同じ枠に入れて指導するのである。枠に入れずに指導することはできない。

枠に入ったからといって、子どもたち一人一人の個性が消えてしまうわけではない。勉強の好きな子、勉強のきらいな子、指導に乗りやすい子、指導に乗りにくい子、積極的な子、消極的な子、どうしても理解できない子、学校の文化に合う子、学校の文化に合わない子、いつまでも忘れない子、忘れっぽい子……等々、個性はいつでも表に出てくる。しかし、それは生徒という枠を通じて出てくる個性だからこそ、指導できるのである。

別の言い方をすれば、まったく異なる私性（私らしさ）を「同じ生徒」として扱うのが教師の仕事ともいえる。

学校の「あたりまえ」を超えた過剰な対応

教師は、さまざまな個性をもつ子どもたちを生徒という枠に入れるために、以下のような手立てをとっている。

●遅刻指導や「チャイム着席」によって、生活と学習のリズムをつくる。
●携帯電話などの私物を制限し、消費者としての欲求を抑える。
●世間知による心配、情念、欲望はできるだけ絶ち、学校に持ち込ませない。
●教室を清掃し、机をまっすぐにし、整理整頓して、学ぶ場であることを明確にする。
●あいさつを促し、教師と生徒との適度な関係をつくる。
●生徒の起こす事件には素早く対応して、生活と学習の場を正常に保つ。

校門をくぐったとたんになされるこうしたさまざまな取り組みを、私は、学校が昔からやっている「あたりまえ」と呼んでいる。学校はそれを、昔も今もくりかえしている。

ところが、これらのこと以外への対応、すなわち生徒という枠を超えたものへの対応をしなければならないのが今の学校だ。

それは、以下のような「まる裸の人間」「ただ生きているだけの人間」への対応ともいえるものである。

●子どものもっている病気や発達障害、DV（家庭内暴力）や健康不安などに対応して、落ち着いて勉強できる体制をつくる。
●生徒の家庭や地域の事情を知り、また、生徒の感情、生徒同士の関係を調整し、安心できる環境を整える。
●学校内外の犯罪防止、交通事故や自然災害への対応、清潔さの維持や明るさの調整など、学校内外の環境整備をして、快適さを保つ。

こうした新しい取り組みについては見直しを図るべきだ。どう考えても教師の手にある仕事であり、やりだしたらきりがない。

トイレでの自傷行為にどう対処するか

私が経験したある学校では、ある生徒が人間関係につまずくたびにトイレに駆け込んで、自分の筆箱に入れているカッターナイフで自傷行為をくりかえすということがあった。実際には、血があまり出ず、すり傷のようなものが多かったとはいえ、学校は大騒ぎになってしまう。

まず、自傷行為のきっかけをつくった生徒は「いじめた生徒」として指導しなければならない。また、教師たちは全員で「巡回チーム」をつくり、空き時間はトイレを中心に見回らなければならない。さらに、教科担当の教師は、授業中にその生徒がトイレに行くたびに、授業を中断して、様子を見に行かなくてはならない。

学校がこれだけの犠牲を払っていても、生徒の保護者は、「子どもにきちんと薬を飲ませる」という約束すら果たしてくれないことが多い。

さらにまた、このような「学校以前の問題」をかかえている子どもの情報が、中学校から高校へ（小学校から中学校へ）申し送りされていない。そのため、多くの場合、入学後、なんの備えもなく、大混乱になる。

こうしたケースで学校にとって必要なことは、「学校の限界」を明確にすることだ。

自傷行為をくりかえす生徒に対して、「学校では預かることができない」と宣言し、専門的な医療機関や福祉機関の手に委ねる。「学校教育が責任をもつのは、勉強する体制が整った後のこと」と、自分たちのやることに歯止めをかける必要がある。

学校の役割を限定していくとなると、勉強する体制が整う以前のことについては、学校以外の別の機関が担っていく必要がある。教育行政は、いちいちの事件に対して、膨大な報告文書を求めている暇があったら、早急に検討を始めていただきたい。

言われたことすらできない子どもたち

今回の新学習指導要領（高校では二〇二二年度から本格導入）では、「言われたことをただ受身にこなすだけではだめで、もっと主体的に取り組むことが大切だ」といったことが理念としてかかげられている。だが、学校現場にいる者として言わせてもらえば、今の子どもたちの問題は、それよりもっと手前の、「言われたことですらできない」ということのように見える。

子どもたちは、子どもの命を守る教育が全盛の中で、自分が「傷つく」教育は受ける必要がないと思い、教師を好ききらいで値踏みし、自分の「主観的な事実」にこだわっている。教師は、子どもたちの「まる裸の人間」を教育しようとして疲弊して、結局はただ、子どもたちの後をついていくだけである。

このような子どもたちは、従来の学校的な努力に背を向けて、「自分らしく」「いいあんばいに」生きていけばいいと考えがちである。それは、学力下層の子どもたちにより多く見られる傾向である。

学力下層校から逃げ出す教師たち

高校の場合、学力下層の学校の生徒には、次のような傾向が見られる。

- 意欲、やる気がない。まじめにがんばろうという気力がない。
- 自分の存在を小さく見ることができない。自分が学ぶべき者だという謙虚さをもてない。
- 消費者としての欲求をがまんすることができず、振り回される。
- なにかをしてもらっても、感謝の気持ちをもてない。
- 生活が不規則で、暴力的、性的に放縦。金銭にだらしない。
- 常識に欠け、学力が低く、人間関係を安定させていくことができない。

もちろん、そうでない生徒もいる。だが、このうちいくつかの要素をかかえた生徒は、学力下層の学校にかなり多い。

こうした学力下層校の実態は、教師のモチベーションを大きく下げてしまう。

教育は福祉でも医療でもないから、教育の効果がある程度は見える必要がある。すなわち、どれだけ学力下層の生徒でも、「勉強するようになった」とか「勉強する気になった」という教育的な効果がないと、教師のモチベーションは高く保たれないのだが、現実には効果がほとんど見られない。

また、学力下層の生徒ほど、教師からの働きかけに対して「傷つきました」と言う者が多く、教育が機能しにくい。

結果として、学力下層の学校からは、毎年、大量の教師たちが異動希望を出して、出ていくのである。

補習教育なしに社会的自立ができない

教師が学力下層の学校から逃げ出していく一方で、当の子どもたちは、どうしているのだろうか。

学校では教育効果が見られないにもかかわらず、今ではその多くが、大学をはじめとする上級学校に進学していく。彼らはそこでも、大学に所属しているだけなので、教育効果が見られず、大学を卒業しても、社会人としての力をつけることができない。いったいなぜ、このような悪循環が生じてしまうのだろうか。

一昔前までは、日本には、学校以外の文化、例えば、職人文化があった。だから、私がかつて担任した、職人の息子は言ったものである。

「オレらに、ワイシャツ着て、土日のある仕事なんかできるわけないだろ？」

このような職人文化があれば、子どもは、学校になじむことができなくても、職人の世界で生きることができ、そこでりっぱに自立することができた。

ところが、こうした文化が薄れてくると、学校の勉強がきらいで、学校になじまない子どもも、上の学校に進学する以外に道が見つからない。

教師たちも、こうした子どもたちがフリーターになるよりは、「大学にでも行ったほうがいいだろう」と、大学進学を勧めてしまう。

しかし、大学に入ったからといって、急に勉強が好きになるわけもない。アルバイトをして消費生活を楽しんだり、家に引きこもってゲームばかりの日々を過ごしたりする。

彼らは、大学に在籍したぶんだけ怠けることを覚えてしまい、かえって自立ができなくなってしまう。つまり、学力下層の高校で起こっていることが、学力下層の大学で、高校よりもさらに悲惨な形で生じているのである。

学力下層の大学では、近年、「補習教育（リメディアル教育）」が重視されている。これは最初、大学の勉強についていくだけの基礎学力がない学生に対して、基礎学力を補うという意味で使われていた。

しかし、今では、怠けることを覚えてしまい自立ができなくなっている生徒を総合的に立ち直らせるという意味、つまり、生活指導を中心とした意味で使われ始めている。そこでめざされているのは次のようなことだ。

●誠実に、まじめに取り組めること。きついことがあっても挫《くじ》けないこと。
●人間関係を円満に築くことができること。みんなにかわいがってもらえること。
●消費的な夢から覚めていること。自己を客観的に見ていること。
●規則正しい生活ができること、最低限の健康を維持できること。
●最低限の読み書き能力と、公民としての能力があること。

当面は、勉強のきらいな子どもでも、その行き先が大学などにしかない以上は、こうした補習教育を高校と大学が連携しておこなっていくしかないのだろう。

新学習指導要領の理念が「子どもが主体的に取り組むこと」であることはすでに述べた。それは、日々あらわれる新しい課題に対して、柔軟に、しかも効率よく対応していく主体をめざしている。

だが、子どもが社会で自立するために、学校が子どもに対して要求しなければならないのは、もっと子どもの生活に密着した、基礎的で習慣的なことなのではないだろうか。

第2章 外の世界が押し寄せる

カルチャースクール化する学校

大切なのは「無理せず自分らしく」

教師たちは子どもたちに向かって、「やればできる」と励ましている。

しかし、能力が誰にも平等に与えられているわけではないから、子どもにすれば、やってもできないことが生じてしまう。

にもかかわらず、教師がなおも「やればできる」と言い続ければ、「できないのは努力が足りないせいだ」という自己責任論を生んでしまう。

これに対して、子どもができないことを、自己責任ではなく、社会的問題と考えると、原因になっている社会的問題を解決する方策が必要になってくる。例えば、家庭に問題を見つけ、手厚い保護を与えていくなどである。それがさらに進めば、社会的な平等を実現しようとする社会変革論に発展したりもする。

ところが、今の学校では、このような自己責任論か社会変革論かという選択が無効になっている面がある。それはいったいどういうことか。

自己責任論であれ、社会変革論であれ、「やってもできない」ということは、以前は子どもやオトナが努力して、解決するべき課題であった。

ところが、もし仮に、子どもにとって、「今の自分」が大切で、自分らしく生きることに価値があるなら、問題の前提が変わってくる。

すなわち、「やってもできない」ことに対して、「もっとやるべきだ」でも「社会を変える」でもなく、「そこまで一所懸命やる必要はない」ということになる。必要以上に無理をするのではなく、「自分らしく」「いいあんばいに」勉強していくことこそが大切というわけだ。

「子どもが壊れてしまう」

「自分らしく」「いいあんばいに」勉強していくという風潮が強まるなか、現場の教師たちが使い始めた言葉がある。それは、「子どもが壊れてしまう」というものだ。

つまり、これまでの教師の指導の仕方では子どもが壊れてしまうから、子どもが壊れないように、ていねいに指導するべきだというのである。

私はこの言い方に大きな違和感をもった。

なぜなら、子どもを指導するということは、子どもの「今の自分」を壊して、「新しい自分」をつくるものだと考えているからだ。

子どもの「今の自分」は未熟である。それを壊すことで、そのつど「新しい自分」がつくられていく。そんなときの創造の力はとても強くて、ときに教師の予想を超え、子どもは自分自身の力で勝手に伸びていく。

私はこのように子どもが自己変革していくことを学校教育の特色と考えてきた。そして、子どもが自己変革して力強く学んでいく主体を「学ぶ主体」と呼び、教育の目標を「学ぶ主体」をつくることに置いてきた。

ところが、「子どもが壊れてしまう」と言う教師たちは、子どもたちが「今の自分」を壊すと、「新しい自分」ができるのではなくて、ただ「今の自分」が壊れたまま残ると考えている。だから、彼らは、子どもたちの「今の自分」が壊れないように、細心の注意を払って子どもを守ろうとする。子どもの自己変革を促すようなことはけっしてしない。

「今の自分」にとどまる子どもたち

教師に守られた子どもたちが、自分なりに動き出すことがあれば、そこでやっと、教師たちは応援する。彼らはそれを、子どもが「主体的に学ぶ」と呼んでいる。

しかし、これは、学校での子どもの教育というより、カルチャースクールでのオトナの勉強に近い。そこには、子どもに自己変革を促していくきっかけがない。ある意味、教育の放棄である。

今の教師たちが、子どもが壊れてしまうことのないように細心の注意を払うのは、子どもを「未熟な者」として扱うのではなく、それとは逆に、子どもを「小さな一人前のオトナ」として扱うからである。

一見すると、子どもの人権を尊重する理想的な教育のように見えるが、とても危険なことである。なぜなら、子どもたちが「自分らしく」「いいあんばいに」勉強したいということは、子どもたちが「今の自分」にとどまり、なかなか変わろうとはしないということを意味しているからである。

子どもたちの「今の自分」が壊れないように守り育てる保護的な教育がさらに広がっていけば、「今のままの自分でいい」と思っている生徒を、ますます「今のままでいい」と思わせてしまい、子どもたちはどんどん学ばなくなってしまうだろう。

学校に「通常の社会」が入ってきた

現場が子どもの保護の方向へと大きく変化してきた背景には、学校の中に「外の世界」「通常の社会」が入ってきたということがある。これは非常に危険なことである。

学校はこれまで、通常の社会とは別の、学校という枠組みの中で動いていた。そこに、「外の世界」「通常の社会」がどんどん入ってきている。

校則などで従来禁止していたものが自由化されるのも、その一例だ。

校則は、学校だけのルール、学校という枠組みの中で機能する規則である。対して、「外の世界」「通常の社会」が学校の中に流れ込んでくることは、学校と外の社会とを同じに考えるということでもある。一般社会に照らし合わせて、校則で禁じていたものを自由化するという流れが出てくるのは当然である。

髪型や服装の自由化、登下校中の寄り道の自由化、ゲームセンターなどの遊興施設への出入りの自由化、スマートフォンの持ち込みの自由化、アルバイトの自由化……等々。

だが、生徒は、そうした自由を適切に管理できないことも多い。その結果、さまざまな混乱が生じる。

例えば、スマートフォンは、本来は人間の補助的な道具だったが、今の子どもたちは、それなしでは暮らせない。神のような存在になってしまっている。そうした状況のなか、子どもたちがスマートフォンを自由に、適切に使えるようになるためには、むしろスマートフォンを制限したほうがいい。また、制限しなければ、学校教育がスマートフォンによって際限なく妨げられるという不都合も起こってしまう。

学校から禁止のルールをなくして、子どもたちの自由に任せると、むしろ教師の仕事は増えてしまうのだ。子どもたちの自由を適切に確保するための仕事は大変な量にのぼるだろう。

学校には、「通常の社会」とは異なる論理が働いている。自立のためには制限が、自由のためにはある種の抑圧が必要になるときがある。この、いっけん矛盾するような営みこそが教育なのだ。学校を「通常の社会」と同一視する態度は、従来の教育とは大きく異なる。

また、市場原理を学校へ導入するようになったことも、「外の世界」「通常の社会」の論理を学校に持ち込もうとする動きの一例である。

学区制の廃止による自由競争、学校経営方針と学校評価という民間的な手法、「進学指導重点校」などの指定による塾のような受験競争……等々。

学校に市場原理が持ち込まれると、教師は、従来やっていた仕事とは別に、経営面での数値目標を立て、その達成のための手立てを考え、数値目標を達成するための進行管理をしなければならない。

教師の仕事量は飛躍的に増え、結果として、従来の学校教育が片隅に追いやられていくのである。

時代の流れには逆らえない

「外の世界」の論理で動くと、学校の教育機能に支障をきたし、教師の仕事が飛躍的に拡大することは、ある程度予想されたことだ。だから、教師たちはこれまで、「通常の社会」が学校に入ってくることに反対してきた。

弊害が目に見えているにもかかわらず、「通常の社会」が学校に入ってきてしまう背景には、世の中の風潮がある。学校が「特殊な社会」のままであることを、世の中が許さないのだ。

学校は「通常の社会」に近づいていくべきというのが世の中全体の意思であるかのように、教師自身が感じてしまっている。閉鎖的な学校社会を、社会に向かって開いていき、世間一般に近づけていくほうがなんとなく開明的で、これからの新しい時代にふさわしいように感じられてしまうのである。

教師自身、こうした時代の流れには抵抗できないと感じ始めており、教師の立ち位置も少しずつ変わってきている。従来の考え方、すなわち、子どもが「未熟な者」であるという考え方が後退していき、「小さな一人前のオトナ」として扱うようになってきた。

このようにして、子どもが「小さな一人前のオトナ」として扱われるようになると、閉鎖的な学校社会を開き、オトナたちの暮らす「通常の社会」に近づけていくことこそが、正しいことになってしまう。

信じることを育てる場

従来の学校の考え方は、子どもを「未熟な者」として扱うというものだ。

この場合には、まずもって、子どもたちが学校や教師を「信じること」からスタートする。子どもは、成熟してのち「疑う」のである。そのために、まず「信じる」という態度や精神を要請する場所が学校なのである。

そのような学校の機能が充分働くためには、子どもが従順でなければならない。教師は子どもに「従順さと柔軟さ」を要求せざるを得ないのだ。

こうした考えに基づくとき、学校が要求する子どもの姿については、次のようなものが想定される。

●精神が従順かつ柔軟で、教えられたことが素直に心の中に入っていくこと。
●世間知による心配、情念、欲望から切り離されていること
●教えてくれる者に対して、充分に権威を感じること。
●強度のある単純で集中的なくりかえしに、耐えられること。

このように学校では従来、「通常の社会」とは異なる論理のなかで子どもを捉えていた。しかし、それが大きく変化しつつあることは、すでに述べた通りである。

学校教育の三つの役割

子どもが壊れないように教育するということは、学校で学ぶ子どもを、カルチャースクールで勉強するオトナのように扱うということである。相手が子どもでなくオトナであれば、教師は相手に制限を加えなくていいし、自己変革を迫る必要もない。これが、学校を通常の社会に近づけていくということの意味なのである。

だが、学校における子どもの教育には、オトナの勉強とは異なる、以下のような役割がある。

A　子どもを市民社会の一員として、「一人前の市民」を形成する＝市民形成の営み

B　未熟な子どもを、成熟した「オトナ」にする＝社会化と社会化への抵抗の営み

C　子どもを「子どもが知らない世界」へ連れ出す＝知的な主体形成の営み

学校行事に取り組むクラス担任の苦労

子どもの教育に関する三つの役割のうち、まず、〈A　市民形成の営み〉について説明しよう。

今の学校では、市民形成の営みは、とくに困難である。

それを説明するために、学校行事を取り上げよう。

学校行事を重荷に感じている教師は多い。最大の原因は、生徒が学校行事に取り組むことで、クラスの団結が深まるといった充実感を得ることができないことだ。

むしろ逆に、学校行事に取り組めば取り組むほどに、クラスの子どもたちの人間関係が悪くなる。それはどうしてなのだろうか。

クラスの文化祭で、劇に取り組んだとしよう。そこで、役者は、なかよしグループA、B、C、D……からグループ横断的に選ばれるとしよう。次いで、大道具はグループAとBから、小道具はグループCとDから、衣装はグループEとFから、音響はグループGから選ばれるとしよう。

そこで、いざ練習となると、まずは役者が、なかよしグループの壁を超えられない。彼らはふだん互いにほとんど交流がないため、意見や感情がぶつかってしまい、トラブルになってしまうのである。

大道具、小道具、衣装、音響の各グループも、相互に情報を共有することができずに、グループごとに勝手なことをやりだしてしまう。それぞれがつくりあげたものが噛み合わず、お互いに非難を浴びせ合ってしまう。険悪な状況は文化祭の当日まで続き、クラス内のトラブルや不調和は解決できないままに文化祭が終わる。

このようにして、文化祭に取り組むことによって、子どもたちの人間関係は、かえって悪くなってしまう。これはまさに、子どもの関係が壊れ、そのことで子ども自身が壊れ、それを修復できない状況そのものである。

その結果、文化祭などの学校行事では、教師は、演劇のような苦労の多い企画を避けるようになってしまっている。

クラスは一時的に使用しているだけ

子どもたちの人間関係が悪くなるような活動は、学校行事だけではない。クラスの日常的な活動でもしばしば同様のことが起きる。それゆえ教師は、ふだんからクラスの中に「なかよしグループ」を超えた集団の動きをつくらないようにしている。

こうした傾向が行きつくさきは、クラスの子どもたちを集団として扱わず、できるだけバラバラな個人として扱い、授業のときにだけ教師と向き合うようにするというスタイルである。教師は、従来のようにクラスを基盤に子どもたちと向き合うのではなくて、子どもたちの各個人と直接に向き合うわけである。

そうなると、クラスが変質する。クラスは、子どもたちにとって、まるで塾のように「一時的に使用している場」になっていく。

するとどんなことが生じるか。残念なことに、学校がやっている日常的な活動にすら悪影響が出てくるのである。

例えば、教室の掃除である。子どもたちがクラスを学習塾のように「一時的に使用している場」としか考えないようになると、「なぜ自分たちが、教室を掃除する必要があるのか」と疑問をいだくようになり、「業者にやらせればいい」という意識になっていく。掃除をさぼる者がいたとしても、それが自分たちの「なかよしグループ」の子どもでないかぎり、「そんなの知らない」ということになる。

広がっていく無関心と無秩序

日直にも同様のことが起きる。子どもたちは、「なぜ自分たちが黒板拭きをする必要があるのか」「日直日誌なんてムダだ」という意識になっていく。

それに対して教師は、「いいからやれ、決まりだからやれ」としか言えない。すると、子どもは、そのような意味のわからない押し付けに反発して、日直をますますいいかげんにやるようになる。

こんなことが続いていけば、やがて、掃除も日直も、教師が細かく手を出さないと、生徒だけではできないものになってしまう。ひどい場合には、子どもより教師のほうが多くの仕事をすることになったりもする。

クラスがそんな状況になれば、休んでしまう子どもがいたとしても、大部分の子どもたちは、「知らない」「自分には関係がない」と言い出す。クラスには、まるで街の公園のような無関心と無秩序が広がっていく。

だが、クラスという場は、街の公園のように、そのままずっと無関心を貫き、互いが関わり合わないままでいるということがむずかしい場所である。子どもたちが朝から放課後まで、長時間一緒に過ごし、互いの言動を察知し合っているところだからである。

それぞれの「なかよしグループ」に引きこもったままの子どもたちが、長時間同じ場所に放置されれば、例えば、誰かの言動をめぐってそれぞれに反応し、グループごとのノリで盛り上がったり衝突したりする。子どもたちは、このようなことをくりかえすなかで、しだいにお互いの「格付け」をしていき、弱肉強食の世界ができあがっていく。そこには公共的なルールがなく、力の強い者たちの支配がまかり通るようになる。これが世に言う「スクール・カースト」の実態である。

いったんスクール・カーストができあがってしまうと、そこでのトラブルやいじめはなかなか解決できない。すべてがそれぞれの「なかよしグループ」の感じ方やノリに任され、共通言語が存在していないため、子どもたちが互いに関われば関わるほどトラブルやいじめが複雑化し、深刻化していく。

教師がクラスの枠を緩めることで、クラスが解体してしまい、結果として、教師の仕事をますますブラックなものにしていくのである。

子どもを市民にしていく教育

学校で生じていることは、日本の社会でまさに今起こっている姿である。人々は、利害や関心によって分断され、自分の興味のあるグループに閉じこもり、異質なグループ同士が交流することもない。

このような市民社会がやがてどのような結果を生むのか。われわれはすでに、アメリカやイギリスで目撃している。そこでは、大統領の政策をめぐって、あるいはEU離脱の問題をめぐって、国民としての共通性が失われ、人々はそれぞれの好むグループごとに分断され、民主主義そのものが危機に陥っている。日本国内では、今のところ、そこまでの分断は見られないようだが、同じような危機が進行しているといえるのではないだろうか。

今必要なことは、むしろ学校でこそ、市民社会での共存の仕方を教えていくことである。日直当番は、担任の仕事の代行ではない。子どもたちはそこから市民社会の中で市民一人一人が最低限果たすべき義務を学ぶのだ。教師は、子どもを未来の市民社会の一員として扱い、義務の意味や意義を指導しなくてはならない。

毎日の教室掃除は、業者の代わりにやらされる「奴隷労働」なのではない。未来の市民社会の一員として、異なる「なかよしグループ」のメンバー同士が互いに話し合い、協力し、義務を果たしていく訓練なのである。だから教師は、生徒同士の話し合いや協力の仕方を指導しなくてはならない。

そうした観点からいえば、学校行事の文化祭なども同様に、異なる「なかよしグループ」同士の協同のための訓練である。ふだんはほとんど交流のない「なかよしグループ」同士がどのように話し合い、協同するのか。教師はそのやり方を教えていかなければならない。私の場合であれば、それは次のように進む。

1　異なるなかよしグループの交流のむずかしさなど、予想されるトラブルなどを予告する。
2　異なるなかよしグループの交流の成果として、新しい発見やアイディアや感動があることを予告する。
3　なかよしグループの中でのリーダーや副リーダーを決める。
4　各リーダーの連絡の仕方や相談の仕方を教える。

5　各リーダーを中心とした会議の仕方を教える。また、異なるリーダーが集まった会議の仕方を教える。ホームルームでの情報の共有の仕方、意見の出し方を教える。
6　教師のやっている役割を、だんだんに監督や副監督の生徒に移していく。

手間はかかるが、子どもたちにこうした体験をさせないかぎり、われわれの市民社会に未来はないのではないか。

公共の意識を根づかせる

閉じていた「なかよしグループ」をクラスに向かって開放するには、「生徒として」「〇年〇組のクラスメートとして」という意識をもたせるような働きかけが重要である。そのために私がやっている指導を一つ紹介することにしよう。生徒たちの教室での誕生日会に対する指導である。

生徒たちによる誕生日会は、高校ではよく見られるイベントで、クラスの中の誰かの誕生日を仲のいい子どもたちが教室で祝う。お互いにお菓子を買い、写真を撮ったりゲームをしたりして、たいていは短時間で終わる。

とはいえ、教室での誕生日会のあいだは、教室がそのなかよしグループによって独占され、そのグループ以外の子どもたちは排除される。また、ときには、補習や部活動や行事の準備といった公的な活動が、教室での誕生日会に邪魔されてしまうこともある。だから、「教室とはそもそも担任という管理人付きの公共施設なのだから、それにふさわしい使い方をしなさい」と指導する。

教室という公共施設を利用する以上、一定のルールを守り、終わったら掃除をしてきれいな状態に戻すなどの取り決めをつくる。

ルールを意識させた指導をすれば、私的な誕生日会がほかの公的な活動とバッティングしたり、終わった後に教室が汚れたままになったりといった状況は防げる。

教師によるこのような介入は、小さなことのように見える。しかし、こうしたことのくりかえしが、生徒にとっては、「公共性とはなにか」という意識につながっていく。公共性の意識が高まっていけば、クラスの中での「力の強い者たち」による理不尽なふるまい、例えば、いじめなどを防止する土台にもなるのである。

「社会化」と「社会化への抵抗」

次いで、オトナの勉強とは異なる子どもの教育の役割のうち、〈B　社会化と社会化への抵抗の営み〉について見てみよう。

子どもの教育に必要なことは、「社会化」とその「社会化に抵抗する」ことである。「社会化」とは、人間には差があるという厳しい事実を知り、自分を正確に理解していくことだ。

一方、「社会化に抵抗する」とは、その厳しい事実に抵抗して、人間としての理想を追求することである。

教育はつねにこの二つを同時に追求して、子どもを成熟した「オトナ」にするのである。

例えば、同じグループにいるA子さんと「私」とでは、比較をしてみると、あまりにもちがいがある。すなわち、A子さんは美人で明るく、勉強もスポーツもできるのに、「私」は平凡で暗くて、勉強もスポーツもできない。それを知って、クラスのみんなは、A子さんをちやほやして、「私」を疎《うと》んじる。それなのに、「私」は文句が言えない。もしも人間が生まれながらにして平等なら、どうしてA子さんと「私」とのあいだでこんなに圧倒的なちがいがあるのか。

打ちのめされている「私」に対して、教師はどのように対応すべきだろうか。

教師であれば、まずはA子さんと「私」とで圧倒的な差があるという厳しい事実を直視させなければならない。つまり、「私」は、自分自身の能力特性を情報として理解しなければならない。

人間には差があることを知り、自分を正確に理解していくということが、子どもの「社会化」である。

そこでは、教師は子どもに対して、「現実を直視せよ」「いつまでも子どもでいるな」と呼びかける。

これに対して、そうした厳しい事実に抵抗して、一つの理想として、人間の平等を追求しようとすることが「社会化に抵抗する」ことである。

その場合、教師は例えば、「A子さんもあなたも、天は同じように見ている」と言ったりする。あるいは、「あなたを愛する人にとって、あなたは唯一無二の存在だ」と言ったりする。つまり、教師は子どもに対して、「現実に負けてはだめだ」「理想はきっと実現できる」「あなたの長所を伸ばせ」と呼びかける。

ところが、多くの教師はここで、「A子さんもあなたも同じ人間である」と言ってしまう。「同じ」ということを「私」は実感できていないのに、「同じ人間を差別してはいけない」と言ってしまう。「A子さんもあなたも平等なのだから、あなたのいいところを見つけなさい」と言ってしまう。

つまり、厳しい事実を直視する「社会化」の営みを教えずに、いきなり「社会化に抵抗する」ことを教えるのである。

なぜなら、多くの教師は、A子さんと「私」の圧倒的なちがいという厳しい事実に、「私」が向き合い続けることができないと感じているからである。もし、そこで向き合い続ければ、「私」が壊れてしまうと思うからである。だから、「私」を守ってあげようとする言い方ばかりになる。

多くの教師たちは、「社会化」と「社会化への抵抗」という二重思考が苦手である。とくに、「今ある自己」が壊れてしまわないように、それを守って育てるのが教育だと発想している教師や生徒には、「現実を直視せよ」という厳しさに耐えることができない。

教師のそのような対応が、子どもをさらに苦しい立場に追い込んでしまう。教師が保護的になりすぎてしまうと、子どもたちはいつまで経っても現実を直視できず、成熟した「オトナ」になることができない。

みんな仲よく誰もきらわず

クラスではさまざまな対立や衝突が起こる。しかも、どう考えても自分には責任がないのに生じてしまうことがある。そもそも人間には、誰かを理不尽にきらってしまうことがあるという厳しい事実があるからである。

こんなとき、私であれば、まず、人間は誰かを理不尽にきらってしまうことがあるという厳しい事実を、子どもにきちんと見つめさせる。それが、「現実を直視せよ」という社会化の営みだ。

そのうえで、「社会化に抵抗する」指導を加えていく。例えば、人間は誰かをきらいであっても、共存する努力をするべきであるとか、どうしても共存がむずかしいと感じるのなら、棲み分けの工夫をしようといった指導である。

ところが、多くの教師たちは、人間は誰かを理不尽にきらってしまうことがあるという厳しい事実に子どもを直面させられない。そんなことをさせれば、子どもが壊れてしまうと考えるからである。

教師たちは、「現実を直視せよ」と言う代わりに、教育的に、「みんな仲よくせよ」「誰もきらってはならない」と言ってしまう。だが、このような人間の自然に反したことを言えば、その結果として、犠牲になるのは子どもたちなのである。

人間が誰かを理不尽にきらってしまうことがあるという事実を直視できない子どもは、どうなるのか。

まず、その子どもは、そんな事実があってはならないはずだと思うから、自分を理不尽にきらっている友だちにきらわれないように懸命に努力をして、へとへとに疲れ切ってしまう。

しかも、そんな自分の努力とは裏腹に、自分を理不尽にきらっている友だちが、さらに理不尽にきらってくることもある。すると、その子どもは、さらに傷ついてしまい、場合によっては、それが理由になって学校に来られなくなってしまう。

「みんな仲よくせよ」「誰もきらってはならない」という現実離れした指導が、子どもを追い詰めてしまうのだ。

子どもが厳しい事実を直視できず、「社会化」とその「社会化に抵抗する」ことを区別できないことで、かえって深く傷ついてしまうのだ。

保護ではなく自立を促す

子どもに自己変革を迫らず、ただ保護していくだけの教育は、子どもを幼児的な万能感に満ちたものにし、子どもを、ますます傷つきやすくする。

教師が子どもを保護すればするほどに、子どもたちは甘やかされた幼児のように万能感を高めていってしまい、些細なことでも傷つくようになるからである。

各種の調査結果から、「日本人の子どもの自己肯定感の低さ」が話題にのぼるようになった。

この問題も、子どもが厳しい事実を直視できないことによる傷つきやすさに原因があるのではないかと、私は考えている。

人間には差があるという厳しい事実を知り、自分を正確に理解していくという「社会化」が足りていないために、子どもたちはすぐに傷つき、自信を失ってしまう。

この問題への現在の学校の対応は、「子どものありのままを認めてあげよう」「子どもはまちがっていないと勇気づけよう」という保護的なものである。

すると、子どもたちはますます厳しい事実を直視できなくなり、そのためによけいに傷つきやすくなり、自分に自信がもてなくなる。これは悪循環である。

この悪循環を断ち切るためには、「社会化」と「社会化への抵抗」を区別して、人間が経験する厳しい事実を直視させ、その事実に抵抗していくことを教えていくしかない。教師は子どもに保護の手を差し伸べず、子どもに自立を促すのだ。

子ども自身が決める自分の未来

オトナの勉強とは異なる子どもの教育の役割のうち、〈C　知的な主体形成の営み〉について見てみよう。

子どもを、「子どもが知らない世界」へ連れ出す営みは、今の学校ではあまり評判がよくない。教師の一方的な押し付けになりやすく、子どもの主体性を尊重していないとされるからである。

ここにも、子どもを「未熟な者」としてではなく、「小さな一人前のオトナ」として扱う、最近の風潮がある。教師は、子どもが主体的に取り組んでいくために、子どもに対して教師が押し付けるのではなくて、「子ども自身が考えて、子ども自身が選択する」指導をしようとする。そのために、現在の子ども自身にとって、「はっきり見えるもの」や「事前に知っているもの」を頼りにして指導していくことになる。

例えば、最近の中学校や高校の進路指導では「ポートフォリオ」が作成される。ポートフォリオとは、自分の履歴や能力を周囲に伝えるためのノート集のことで、中学校や高校で、上級学校の推薦入試の面接対策に使われる。

子どもたちは、このポートフォリオの作成のために、まず、自分の過去を振り返る。この場合の過去とは、未来に自分がなりたいものの姿が見えてはじめて意味をもつと考えられている。

未来の自分のなりたいものを基点として、過去になにをやってきて、今なにをやっていて、未来になにをやるかという工程表が作成される。そこでは、生徒本人にはっきり見えていて決定可能なものだけが重要になる。

工程表ができあがると、つぎは、高校や大学の推薦入試で問われる質問、すなわち、「なぜこの大学（高校）を希望するのか」「なにを勉強したいのか」「やりたい職業とどのように結びつくのか」といった質問に対して、この工程表をよりどころにしてスムーズに答えられる練習をする。

担任の教師は、生徒のポートフォリオを明確にするために、面談をくりかえし、希望する職業、進路希望とその理由、勉強時間、生徒の生活時間、部活の活動、アルバイトの状態、行事への取り組み、ボランティアへの取り組み、交友関係その他を細かく聞き出して、指導しようとする。まさに生徒一人一人に寄り添った進路指導である。

マニュアル通りの進路指導

ポートフォリオの指導では、本人に「はっきり見えていて決定可能なもの」だけを頼りにして、わかりやすく整理していく。どの教師が取り組んでも、だいたいは大きくは外れない工程表がつくられていく。指導のためのマニュアルができあがるというわけだ。

ちなみに、そうしたマニュアルを全国の中学校や高校に提供し、現場に指導・助言をしているのがベネッセ・グループである。

しかし、相手は生身の生徒なのだから、マニュアル化されたものをベースに動き出しながらも、同時に、はっきり見えないものや決定不能なものについても、教師が生徒と一緒になって、「ああでもない、こうでもない」と試行錯誤することこそが、ほんとうの進路指導なのではないか。

生徒たちの進路希望はいつでも変わる。一度ははっきり見えて決定したはずの進路希望を途中で取り消す子どもがしばしば出てくる。いつまで経っても自分の進路がはっきり見えないし、決定できない子どももいる。大学に入ってからでないとわからない子どももいる。マニュアル通りにはいかないさまざまなタイプの子どもがいるのだ。

他方、子どもたちが、はっきり見えていて決定可能なものだけで進路を決めてしまうと、本人の可能性を狭めてしまう危険性もある。

自分のことはむしろ自分以外の人のほうがよく知っているものだ。子どもたちは、成長するにつれてそのことに気づき、自分以外の人の見方を柔軟に受け入れることができるようになっていく。すると、それまで明確に見えていた進路目標は、自分の見方が浅いために明確だったに過ぎないことに気づいたりもする。

子どもたちは多様であり、成長過程にあるのだから、教師もまた子どもに合わせて、一緒に立ち止まったり、試行錯誤したり、見守ったりすることが重要なはずである。ところが、そんな考え方は、多くの教師にとって、「効率の悪い」「ムダなこと」のようなのだ。

なぜなら、教師たちは、子どもを「未熟な者」としてではなく、「小さな一人前のオトナ」として扱っているからである。そうであれば、その「オトナ」としての選択は明確であり、人はそこに責任をもてると考える。

だが、実際には子どもは「未熟な者」として成長過程にあるのだから、選択基準そのものがまだ定まっていない。基準がつねに揺れ動き、変更され、更新されていく。したがって教師は、子どもに合わせて、子どもを未知の世界に連れ出したり、一緒に考え込んだり、じっと待ち続けたりしなければならないはずなのだ。

わかりきったことの限界

教師たちのマニュアル的な指導によって、生徒がみずから主体的に勉強するようになるかといえば、けっしてそうではない。

教師は、子どもが主体的に取り組んでいくためにこそ、子どもにとってははっきり見えるものや事前に知っているものを頼りにして指導したのに、子どもたちは、そこからさきを自分の力で切り開いていくことができない。

最大の理由は、子どもがそのさき、なにを調べればよいのかわからなくなることである。子どもたちにとっては、はっきり見えていて決定可能なものは、安心できるものばかりであるが、それは同時に、「すでにわかっている」ことであり、一回見えてしまったら、「それ以上はしつこい」ものでもある。子どもたちは、ある程度まで自分で調べたら、それ以上調べることにうんざりしてしまう。自分のことについて、はっきり見えていて決定可能なものだけで埋め尽くしたからこそ、「そのさきはもうない」と強く信じ込んでしまうのである。

これは要するに、調べることの拒否であり、学ぶことの拒否である。

みずから主体的に勉強することをめざしてやったことが、逆に、みずから主体的に勉強することを拒否するという結果を導き出してしまう。

「知識の森」に連れ出す

主体性をめざしたはずが、逆の結果になってしまう——子どもたちのそんな状態を打ち破るには、ポートフォリオとは逆のやり方が必要である。

すなわち、はっきり見えていて決定可能なものの世界から、はっきり見えないものや決定不能なものの世界へと、教師が連れ出していくことである。「今のままでいい」と言う生徒を、「知識の森」に連れ出して、一緒に歩き回る。

そのための工夫として、私の授業を取り上げてみよう。

「国語表現」の授業で、例えば格差問題を取り扱うときは、グローバル化の問題、正規雇用と非正規雇用の問題、貧困の連鎖の問題、都市と地方との問題など、格差問題をめぐる諸課題を、生徒と一緒に考える。

それは、教師と生徒が、格差問題という「知識の森」の中を一緒に歩き回り、役立つものをかき集めて、整えていくような作業である。

一つ一つの問題を吟味しながら、これがなにかの役に立つかもしれないと思うものを、生徒の知識の袋の中に入れていく。

その勉強の仕方は、けっして「つまみ食い」のようなものではなく、まずは、格差問題の中に、教師も生徒もどっぷりと身を沈めなければならない。そのようにしてやっと、生徒は自分で格差問題について討論をしたりレポートを書いたりすることができるようになる。

それは、ネット・ニュースで、自分の興味・関心だけで記事を見るのに対して、新聞を一面から順に一緒に読んでいくような営みである。生徒の気に入らない記事であっても、見出しとリード記事ぐらいは読む。すると、生徒にとって未知のものが入ってくる。

あるいは、通販サイト「アマゾン」で、自分の興味・関心だけで本を購入しているのに対して、大型書店に一緒に出かけていき、一階から順に、書棚を見ていくような営みである。

多数派でいれば安心?

はっきり見えていて決定可能なものにとどまりがちな今の子どもたちは、意見を表明する際に、自分を多数派に置きたがる傾向が強い。

私は国語の教師として三〇年前も今も、次のようなテーマで高校生たちと討論をしてきた。

●結婚して子どもができたとき、女性は仕事を続けるべきか、それとも仕事をやめるべきか。

●高校生にとって、頭髪規定は必要であるか、それとも必要でないか。

高校生たちは討論が大好きで、おおいに盛り上がるのだが、三〇年前と今とで大きく異なる点がある。

三〇年前は、最初からテーマに対する意見が二分され、すぐに白熱した討論に入ることができた。ところが今は、討論の最初の段階で、クラスの大半の者たちがだいたい同じような意見になってしまう。「子どもができたときの女性の仕事」の問題であれば、ほとんど全員が「女性は仕事をやめるべきである」の立場に立ってしまう。あるいは、その逆の立場に立ってしまう。

つまり、子どもたちは、周囲の様子をうかがって、多数派の側に立たなければならないと思っているようなのだ。まるで「多数派が正しい」と信じているかのように、ほぼ全員が同じ立場に立とうとする。

そのため、教師である私が、子どもたちとは逆の立場に立って、いくつかのやりとりをして、その数を少し増やしてやる。教師が対立点をつくりだして、「反対の立場に立ってもいいのだ」という安心感を与えてからでないと、白熱した議論になっていかない。教師の側が、このようにして、子どもの世界を広げてやる必要があるのだ。

子どもの稚拙さもときに効果的

はっきり見えていて決定可能なものの世界から、はっきり見えないものや決定不能なものの世界へと生徒を連れ出していくことは、教師だけの営みではない。ときに、その役割を生徒自身が果たすことがある。

例えば、私自身の経験では、こんなことがあった。

国語表現の授業で、ある生徒の「アルバイトと私」という論文があった。教師の私から見ると稚拙な論文だったが、生徒たちからは「私も同じだ」とつぎつぎに共感が広がった。稚拙であることが、かえって生徒たちの「自分も同じだ」という共感を生み出したのである。

加藤典洋氏は『小説の未来』で、子どもは「お猿の電車」が好きなのであるが、それは、しっかりとしたオトナの運転よりも、あぶなっかしいお猿の運転のほうが好きということなのだと述べている。ロマンティシズムとは、そもそもそういう稚拙さや素朴さに本質があり、それは物語の本質ということなのだ。

であれば、学校教育の世界でも、教師が生徒を世界に連れ出すだけではなく、生徒が生徒を、その「稚拙さ」で世界に連れ出すということもまた重要なのではないか。生徒主体のアクティブ・ラーニングの必要性も、こういう点から考えてみる必要がある。ちなみに、私自身が試みていることは、以下のようなものである。

●卒業生や上級生の「講話」「ディスカッション」「体験記」
進路についての卒業生や上級生による講話、ディスカッション、体験記などをできるだけ多く、教師の検閲などを抜きにして企画・運営する。また、進路だけではなく、日々の勉強、アルバイト、部活動、行事などでも同様のスタイルで企画・運営するのが効果的だ。

●生徒自身の親、兄弟、知り合い、先輩の姿を見つめさせる
「総合的な探求の時間」や、各教科の授業、ホームルームなどで、「いかに生きるのか」「社会的な自立とはどういうことか」といった大きなテーマについて、生徒自身の親、兄弟、知り合い、先輩などの姿を見つめ、取材し、レポートし、語るなか、その意味を教師も一緒に考えていく。

第3章

教育はいまや商品・サービス

強制される部活動顧問

教育は「贈る」という営み

塾と学校とはなにがちがうのか——この古くて新しい問題に、さまざまな論者がさまざまなことを言ってきたが、私は以下のように考える。

塾は、「顧客」の「志望校合格」というニーズに応えるだけの教育サービスを提供し、顧客はそれに対価を支払う。

塾と顧客は、価値や価格の等しいものをやりとりするという意味で、市場的な交換関係である。顧客は、自分の意思でいつでもやめることができ、塾は、顧客と契約した以外の教育サービスについてはきっぱりと断ることができる。

これに対して、学校は、「一人前の市民」の形成、成熟した「オトナ」の形成、知的な主体の形成（50ページ）という特別な役割をもっている。塾のような交換関係ではなく、市民社会などオトナの側からの要請によって、子どもたち全体に向かって教育が与えられる。

学校と子どもとの関係は、「無償で相手に与える」という意味で、「贈る」という関係に近い。子どもは、自分の意思で簡単に学校をやめることはできない。学校は、「これが学校の提供する贈りものです」と、その中身を契約のように明確に示すことは困難である。

教師は基本的に、自分がやっていることに対して、直接的な見返りを求めたりしない。例えば、教師は、「あの生徒には、これだけのことをしてあげたのに、裏切られた」といった言い方はあまりしない。教師として、生徒に精一杯の贈りものをしたら、その贈りものを生徒がどう受け取って、どう生きていくのかは、生徒自身の問題だと考えている。

それでは、教師の「贈る」という営みは、なにによって支えられているのか。

それは、「理想」によって、なのである。

教師の贈りものは、「理想的な人間を生み出す」「理想的な社会を生み出す」といった、どこか崇高な理想の実現のためなのだ。だから教師は、生徒が自分の贈りものをどう受け取っているのかわからなくても、ある程度は堪えていくことができる。

だが、逆に言えば、目の前にしている子どもたちがそうした理想とは程遠いと感じたときは、やる気を失って、そこから逃げ出したりすることもある。

このような理想は、学校の具体的な活動の中で、どのようにあらわれているのだろうか。理想のもち方とその変化について、私の経験した部活動を通して説明してみよう。

こんなハンドボール部にしたい!

私が経験した部活動は、ハンドボール部である。教師として赴任した一校目の学校で、まったくの初心者であった私は、生徒とともに、理想のハンドボール部に憧れた。「こんなハンドボールをめざしたい」「こんなハンドボール部にしたい」といった理想をもって、その実現のために努力した。

部活動において、子どもや教師が理想をもつためには、なによりもまず、その部活動に必要な技術力を身につける必要がある。そして、技術力を身につけるにつれて、最初にもっていた理想が見直されて、新しい理想ができていく。この場合の技術力とは、ある教師の表現を借りていえば、「人間の身体と心を統治する力」である。それを具体的に、私が経験したハンドボールの場合で見てみよう。

●競技の技術そのものの獲得。ボールの投げ方、ジャンプシュートの仕方に始まり、フェイントやブロックや速攻のやり方などに進み、6対6でのセットプレーのやり方に発展させていく。

●自分自身の課題の発見。自分のポジションや特性を理解して、基礎体力をどのようにつけるか、自分の強みをどう生かすか、目的意識や練習の組み立てを明確にする。

●自分たちのチームや相手チームの分析。強みや弱みはどこにあるか、そのうえで、どんな戦略なら最も効果的であるかを考え、実践する。

●人間的な切磋琢磨。チームメートとして、部活動の仲間たちとの連帯を深める。ミーティング、個別の相談、絆を深める各種の企画、喧嘩《けんか》や助け合いを通じて人間を磨く。

こうして、最初、生徒にとって「ただの楽しいハンドボール部」だったものが、技術力がつくとともに「充実した強いハンドボール部」という理想が生まれ、その理想を追いかけるようになった。

これは、教育そのものである。

生徒がその部活動に理想をもって技術力を磨くことによって、最初にもっていた理想が見直され、新しい理想ができていく。ハンドボール部が、理想通りの部活動になっていくだけではない。同時に、子ども自身がそういう部活動にふさわしい「充実した強い部員」になっていく。

教師も同様である。最初は「ただ管理顧問をしているだけのハンドボール部」だったのが、理想を達成するための技術力を、教師も身につけていくと、教師もまたそれにふさわしい「充実した指導のできる顧問」になっていくのである。

部活動のこうした取り組みは、総合的で、持続的で、自発的で、ブレークスルー（飛躍的進歩）の契機に満ちている。

教科の学習が、部分的で、断片的で、受け身的で、ブレークスルーの少ないものであることに比べれば、部活動というものがいかに教育的であるかがよくわかることだろう。

部活動にのめりこんだ生徒は、そこで磨いた技術力を、教科の勉強やクラスでの取り組み、進路実現などに生かして、りっぱな生徒になっていく。

同様に、教師は、部活動で磨いた技術力を、教科指導、生活指導、クラス指導、進路指導などに生かして、りっぱな教師になっていく。

部活動で培《つちか》われるこうした技術力を、「総合的な技術力」と呼んでおこう。

部活動を支える教師の自発性

私は最初、ハンドボールの素人《しろうと》であった。私のような素人の「ただの管理顧問」が、どうして教育の「総合的な技術力」を身につけることができたのだろうか。

私はその当時、素人で力不足だっただけではなく、教師として多趣味で一貫性がなかったので、しばしば部活動に出ない日が続いてしまった。そんな私に、当時の生徒や保護者が文句を言うことはあまりなく、私を温かく受け入れてくれた。

その理由を考えてみると、昔の生徒や保護者は、部活動が教師の自発性に支えられていることがわかっていたからではないだろうか。つまり、ほんとうは多少の文句はあったとしても、顧問の教師と無理な対立を起こして、その教師が「もうやれません」と言ってしまえば、その部活動が廃部になることをわかっていたと思うのである。

実際に、この時代の学校の部活動の多くは、教師の「自発性」と「納得」によって支えられていたから、あるベテランの顧問が異動してしまった場合には、「強く充実した部活動」が「楽しく緩い部活動」に変質したり、廃部になったりすることは、今よりずっと多かったのである。

誰でも共存できる部活動

学校の部活動でもう一つ大切なのは、技術的には下手《へた》で「おみそ」（半人前）のような生徒を大切にすることだ。

当時の私が指導したハンドボール部には、C君という、からだが小さくて運動が苦手で、気が小さくていじめられやすい生徒が所属していた。民間のスポーツクラブではあまり考えられないようなC君のような生徒が、じつは、学校の部活動ではとても大切である。

C君は、最初のうちはチームメートにいじめられたり、C君自身もめそめそ泣いたりと、さまざま問題が起きたが、当時のキャプテンを中心に、「C君をいじめる奴は絶対に許さない」という不文律が少しずつ浸透していった。C君も自分自身を鍛えて、チームメートの仲間になろうと努力した。

C君は、卒業まで競技の技術力は低いままだったが、部活動のチームメートとして、仲間として、周囲にいい影響を与えてくれたし、彼自身も大きく成長した。

当時の部活動は、クラスがそうであるように、「来る者は拒まない」「誰もがそこで共存する」という市民社会的な要素が強かったのである。

素人顧問では通用しない

かつてあったような部活動は、今は少なくなった。いわゆる「ブラック部活動」に変化してしまった。それはいったいなぜか。

大きな問題として、部活動の技術力という点で、要求されるレベルが上がってしまったことがある。

昔の顧問教師たちは、素人で下手くそであっても、生徒や保護者から「先生」として丁重に扱ってもらえた。だから、教師はそれなりにいい気分になり、なんとかぎりぎり通用するレベルの技術力を身につけることができた。しかし、今はそうは行かない。

これまで学校が担《にな》ってきたスポーツや文化活動を、プロを頂点としたクラブチームが担うようになってきた。バドミントンや卓球など、昔なら中学校で始めたような競技でも、小学校の段階から、プロによる高いレベルの指導の下で競技を始める子どもが増えた。そうなると、半分素人のような顧問の技術力では通用しなくなる。

もう一つの問題は、社会の変化である。

今の生徒や保護者は、部活動を、学校の「商品」と捉えている。商品であるからには、少しでも良い商品のほうがいい。部活動の指導も商品にふさわしい中身であるべきで、指導が「優良商品」並みの品質を備えるならそれに越したことはないと考える傾向が強まっている。

そうなると、素人顧問の「素人の指導」が批判されるのはもちろんのこと、ある程度の技術力をつけた顧問の指導に対してさえ、「それはまちがっている」と批判してくるようになったのである。

部活動顧問はほぼ強制

部活動は、教師の自発性と納得によって維持されていたのに、今では、それが消えてしまった。それが最大の問題かもしれない。

今の教師、とくに独身の若い教師は、全員が強制で「主顧問」に割り当てられる。当初は、教師が自発性と納得でやっていた部活動も、その教師が異動してしまえば、強制された教師が、不満だらけで無理強いされることになる。

この背景には、生徒や保護者の「消費者」という側面が拡大したという問題もある。

いまや生徒も保護者も、教育サービスを消費する存在である。学校にとって顧客なのだ。部活動は、自発性に基づく時間外の活動というよりも、生徒や保護者という消費者が強く望む「商品」になってしまった。

そのため、管理職や教育委員会も、部活動を、昔のように簡単に廃部にできない。どれだけ無理を重ねても、顧問の教師を割り当てようとするのだ。

消えていく市民社会的な要素

部活動における市民社会的な要素、すなわち技術の低い生徒を大切にするという要素も失われていった。

学校の「商品」となった部活動は、民間のふつうのスポーツクラブのような機能中心の組織になっていく。そうなると、前述のC君のような生徒は、最初から入ってこなくなる。

ちなみに、そうした生徒が部活動にいてくれることは、顧問と生徒とが試行錯誤を重ねながら、一緒になって部活動をつくっていくうえで、かなり重要である。教師もまた、部活動の技術力では素人だから、部活動のもつ市民社会的な要素においてこそ力を発揮できたのである。

ところが、素人顧問が力を発揮すべき「おみそ」の生徒は入部しなくなり、それぞれの部活動は、以前よりもずっと「似た者同士」の集まりとなっていった。

こうして、学校の部活動から、さまざまな子どもたちが共存するという市民社会的な要素が消えていった。

スポーツクラブと変わらない部活動を、今でもなお学校主導で続けていくことにどんな意義があるのか。教師たちには、部活動の意義がますます見えにくくなっている。

昔の部活動には、素人顧問と生徒が一緒になって育っていくという文化があった。今の部活動ではそれらは失われてしまった。

また、かつて追求されたような「総合的な技術」ではなく、上達のための「機能的な技術」が追求されるようになった。部活動を「優良商品」かどうかで判断し、完成された定型的なサービスがやりとりされるようになったのである。

教育サービスと「贈る」のちがい

理想をもち、それにふさわしい自分をつくっていく営みを教育指導というなら、教育指導を支えるものが、昔の部活動には存在した。それはすなわち、「総合的な技術」の追求、自発性と納得の原理、市民社会的な性格ということである。

こうした昔の部活動にあった営みこそ、この章の冒頭で述べたような「贈る」という営みであり、そこには、「理想的な人間を生み出す」「理想的な社会を生み出す」といった崇高な理想の実現をめざす営みがあった。

もちろん、理想をいだき、それにふさわしい自分をつくっていくことは、部活動指導に限られるものではない。教師の個性や得意不得意によって、クラスづくりの指導であったり、学校行事の指導であったり、生活指導であったり、教科指導であったり、いろいろな領域で追求されている。だが、どの領域でも、それを支えるものが「贈る」という営みであることはまちがいない。

ところが、今では、「贈る」という営みが、子どもや保護者から理解されなくなってきている。今の子どもや保護者は、このような学校の「贈る」という営みを、学校が提供する教育サービスの質が低い証拠であると捉えることが多くなってきた。

質の低い教育サービスは「失礼なサービス」だから、学校は、民間のサービス機関のようにレベルの高い教育サービスを提供できるよう努力するべきだと言う。まさに消費者の立場から、「優良商品」にふさわしい完成された定型的なサービスを要求しているのである。だが、学校の本質が「贈る」という教師の営みである以上、このような要求には無理がある。

こうして、学校が提供しようとしている「贈る」という営みと、今の子どもや保護者が学校に望む「教育サービス」とにすれちがいが生じ、それが、教師の仕事の質をますますブラックなものにしている。

このような状況のなか、学校としての「贈る」という営みを再建するには、どうするべきか。

当面は、子どもや保護者から「質の低い教育サービス」と言われないような、教師自身が勝負できる領域、すなわち教科指導や生活指導や学校行事といった領域で勝負していくしかないだろう。これらの領域で、教師は「贈る」という営みの優越性と価値の高さを証明し、子どもや保護者を納得させていかなければならない。

学校本来の「贈る」という営みを一緒につくっていく楽しさ、すなわち、「総合的な技力の追求」「自発性と納得の原理」「市民社会的な性格」を一緒につくっていく楽しさを、子どもや保護者に感じ取ってもらわなければならない。

ならば、アプローチがむずかしい部活動については、学校として部分的に撤退していくことも必要だろう。

「自発性の強制」という矛盾

部活動は、学校の職務であるとは言い切れないものなのに、子どもや保護者は暗黙のうちに、「優良商品」の存続を望むから、学校としては、やらざるを得ない。

管理職は教師に対して、「どなたか自発的にやっていただけないでしょうか」と「お願い」をすることになる。この「お願い」は、「自発的にやっていただける」教師が出てくるまで続くから、教師にとってみれば、事実上、「自発性の強制」ということになってしまう。

部活動に限らず、学校には、「自発性の強制」に支えられた活動が多数ある。例えば、地域での活動、子どもの事故の対応、外部機関との連携……等々。これらは、多くの場合、勤務時間外に及ぶ仕事なのだが、教師は、「自発性の強制」によって、やらざるを得ない。

そこには、この「自発性の強制」をつくりだしていく学校独特の論理というものがある。教師自身、また管理職や教育行政も、子どもに関する仕事はすべて教師の仕事であるという無限定な意識をもっている。だから、時間外労働もあたりまえである。

だが、こうした無限定な仕事や労働を受け入れられない教師がいる。例えば、子育て中の教師や介護の問題をかかえている教師である。また、「やりたくない」と明確に主張できる教師である。これらの人々には、管理職も自発性を強制することはできない。そこで、残りの「やれる教師」「やりたい教師」が、「自発性の強制」を担うことになる。

「やれる教師」とはまず独身の教師である。次いで、男性の教師となり、子育ての一段落した女性の教師となる。なかでもとくに若い独身教師を管理職が囲い込むという傾向が続いている。

管理職にすれば、若い教師はまだ経験が浅く、さらに若手研修の期間である者も多いことから、コントロールしやすいと考えるのだろう。また、後に述べるが、教育行政や管理職は、四〇代、五〇代のベテラン教師をあてにせず、二〇代、三〇代の若い教師に期待するという事情も背景にある。

こうして「自発性の強制」は、若い教師、とりわけ独身の若い教師に集中していく。問題をさらにむずかしくしているのは、これらの業務をやる教師の中には、「やれる教師」だけではなくて、「やりたい教師」もいるということである。つまり、「やりたい教師」がその業務をやる以上は、たとえそれが無限定な時間外労働であったとしても、「自発性の強制」ということにはならず、「自主的にやった」ということになる。

学校全体としては、「自発性の強制」という論理によって動いているのに、教師自身の「自主的にやった」という言い方が前面に出て、しかも、そういう「自主的にやった」教師のほうが、管理職からも子どもや保護者からも「教師の鑑」として評価されてしまう。すると、学校には「自発性の強制」など存在しないかのように見えてしまうのである。

顧問はあくまでボランティア

「自発性の強制」から教師が抜け出すためには、どうしたらよいのだろうか。学校内できることについて、以下に述べたいと思う。

まず、二月から三月、部活動の人事を決める時期に、部活動は、強制される職務ではなく、「説得と納得」によるボランティアであることを管理職に明言してもらう。職員会議、企画調整会議など、公的な場がふさわしい。

「説得と納得」とは、管理職からの説得に対して、教師が納得しない場合は拒否できるということである。それを明確にする。職務として、例えば「第一学年」の担任に任命することとはあきらかにちがうのである。

それでも、同調圧力などによって、「説得と納得」に見せかけた「自発性の強制」は生じ得る。教師が泣き寝入りしないために、苦情処理の組織をつくっておく。例えば、職員団体(組合)の代表である「校内委員会」や、教職員のメンタルも含めた健康を扱う「安全衛生委員会」がふさわしい。

文科省が出した「部活動ガイドライン」の規定に沿うことも重要である。とくに練習は、平日に二時間程度、定休日を平日に一日、週末に一日設けるなど、顧問の教師が過重負担にならないように「校内委員会」や「安全衛生委員会」がチェックしなければならない。

また、長期的に見た場合、部活動の運営母体を、学校とは別の機関に移していくことも、以前から言われていることである。この点について文科省は二〇二〇年九月一日、その第一歩として、「休日の部活動を段階的に地域移行」することを進めていくことを示した。

だが、ここに一つ、難点がある。

学校とは別の機関が活動する場合には、各種の外部人材が投入され、また学校外の施設も借りるだろうから、無償というわけにはいかない。すると、民間の習い事がそうであるように、経済的な格差によって、活動に参加できる子どもとできない子どもが出てくるだろう。学校とは別の機関による代替で学校をスリム化するということは、子どもたちの格差が拡大するという副作用を生んでしまう。

そのこともあって、部活動を学校とは別の機関で代替するということは、昔から提案されてはいても、なかなか実行できないのである。ここでは、地方の公共交通機関をどのように維持するのかという問題と同じように、学校のインフラをどのように組み替えて維持するのかが問われることになる。

第4章

知識なき管理職

尊重されない専門家

教育行政が推進するアクティブ・ラーニング

教育界では、アクティブ・ラーニングが流行である。

直訳すれば「能動的な学び」。教育行政の用語では「主体的・対話的で、深い学び」。今回の新学習指導要領の目玉である。

管理職のリーダーシップによって、学校にアクティブ・ラーニングを根付かせようという動きには、誰も反対することができず、その流れを止めることはできないようだ。

会社であれば、目玉となる改革を管理職が指導して成し遂げていくのは、あたりまえのことである。だが、学校では、そういうあたりまえが、現場を混乱させる元凶となってしまう。

今、都立高校の英語科では、若手の教師がベテラン教師に教えるという悲喜劇が起こっている。

若い教師が、最新の英語の教え方を「中央研修」で習い、それを、昔の古い教え方をしているベテランの教師に教える。「中央還元研修」と呼ばれるシステムである。

最新の英語の教え方の中身は、英語による英語の授業、ペアワーク（生徒二人が一組になって学ぶ）、シャドウイング（英語を聞いて、そのすぐあとに発音する）、プレゼンテーション、自分で予測した英作文、グループワーク……等々。いわゆる「話す・聞く」を重視した「使える英語」を、アクティブ・ラーニングの手法で教える。

一般企業なら、経験を重ねたベテランが、ＯＪＴ（職場内訓練）を通して若い人に教えるのだが、ここではそれが逆転する。

なぜこのようなことが起こるのかといえば、アクティブ・ラーニングを教育行政が全力で推進しているからなのだ。

素人管理職のトップダウン

英語科の場合、アクティブ・ラーニングは「話す・聞く」を中心とした生徒主体の授業である。英語科のベテラン教師たちはそんな最新の英語の教え方を理解せず、昔の古い教え方に固執していると見なされる。そこで、彼らに対して、「中央還元研修」という荒療治がなされるのである。

ちなみに、この考え方は、教育行政だけではなく、学校の管理職にも共有されている。そのため、管理職による授業観察では、昔の古い教え方をするベテラン教師は低く評価され、最新式の授業に改めるように指導されるのである。

だが、英語の教え方については従来、このような「話す・聞く」を重視した「使える英語」をめざすものだけでなく、英語という異文化の言語を、日本語と対照させながらその特色を学んでいく「言語教育としての英語」をめざす部分もある。どちらか一方が正しいと決められるものではない（鳥飼玖美子『英語教育の危機』）。

日本の英語教師は、ベテランの教師であるほど「言語教育としての英語」を教えてきた歴史がある。今では、それを教育行政と管理職が一方的に否定し、「改善せよ」と迫っているのである。

しかも、驚くべきことに、この管理職の多くは英語については素人であり、授業の中身を理解できる知的レベルにない。

四〇代、五〇代はダメ教師？

教育行政は、私が教師になった三〇年前から同じことを言い続けている。

「今の四〇代、五〇代のベテラン教師たちがいなくなったら、学校はとてもよくなる」

教育行政は、自分たちの言うことを聞いてくれるように見える二〇代、三〇代の教師たちに期待をかけ、四〇代、五〇代の「ダメ教師」が消えてくれることを願っているのだ。

ところが、教育行政は、肝心の二〇代、三〇代の教師たちが、四〇代、五〇代になると、やはり同じような「ダメ教師」になることを防げない。だから、何年経っても同じように次の世代の二〇代、三〇代に期待をつなぐのである。

このくりかえしがなにを意味しているのかといえば、「ダメ」なのはむしろ教育行政の側だということである。教師が成長してベテランになることを「ダメ教師」としか捉えられない教育行政こそが「ダメ」であり、現実離れしているというべきである。ベテラン教師たちは、こんな教育行政や管理職に一方的に否定され、指導を受けているのである。

職務上の上司と教育上の上司はちがう

学校の管理職は、通常の会社や一般公務員の「上司」とはまったくちがう。そのことを指摘しておかなければならない。

もともと管理職は、教師にとって「職務上の上司」であった。「職務上の上司」とは、学校運営に関わる仕事についての上司である。

教育課程や年間行事予定の作成、各種の行事の運営、学校宣伝、保健や予算の仕事などを、「教務部」「生徒部」「総務部」などの組織でおこなっていく場合には、教育行政や管理職は、「職務上の上司」となる。教師が遅刻をしないように管理する、年次有給休暇などの届け出を受理するなど、服務上の管理もこれに含まれる。

だが、子どもたちの前に立って教育するという、教師の営みそのものに関しては、彼らは上司ではない。管理職は、少なくとも中学校や高校では、「教育上の上司」ではないのである。

中学校や高校の場合、小学校とは異なって、教科の中身が専門的なこともあって、教科を理解できない管理職が非常に多い。あるいはまた、中学校や高校の場合には、「授業の力がある教師」は管理職にならない傾向が強いので、管理職の多くは授業の能力があまり高くない。

ところが、管理職は、中学校や高校でも「教育上の上司」になろうとしている。つまり、子どもの前に立って教育する営みについて、もともと自分たちには力がないのに、教師たちを指導できると考えるようになったのだ。

そうなった理由の一つは、管理職が、アクティブ・ラーニングのようなオールマイティで唯一の正しい教え方を知っており、教師にそれを指導できる資格があると確信しているからである。それは大きな勘ちがいであり、そんな勘ちがいが、さきほど述べた英語科の悲喜劇を起こしているのである。

問題だらけのアクティブ・ラーニング

授業の力がなく、「職務上の上司」に過ぎない管理職が、みずからを「教育上の上司」でもあると勘ちがいして授業を評価するので、英語科に限らず他教科でも悲喜劇が起こる。

私の副校長時代に、授業観察などで管理職から「素晴らしい授業」として評価されるのは、アクティブ・ラーニングの要素を取り入れた授業ばかりだった。

アクティブ・ラーニングは英語だけではない。「国語」の授業で芥川龍之介の小説「羅生門」を取り上げたときのことだ。

「羅生門」は、明日の暮らしにも困った下人《げにん》が、羅生門の楼上で、死人の髪の毛を抜いている老婆と出会い、盗人になっていくという話である。

ある国語の教師が授業で、「下人を裁判にかけて有罪か無罪かを決めよう」と言い出した。だが、それには、弁護士の役割や法廷でのやりとりのルールなどの手続きを生徒たちが知っておかねばらない。裁判についての説明に時間をかけすぎて、肝心の、下人が盗人になっていく決断がほとんど問題にされていなかった。

これでは小説の授業ではなくて「裁判ごっこ」の授業である。ところが、この授業を見た管理職は、生徒が活発に動き回っている姿を見て、「素晴らしい授業だ」と感心し、高い評価を与えてしまったのである。

活動あって学びなし

ある教師は「世界史」の授業で、ローマ帝国の滅亡について、その原因を生徒にグループ学習で考えさせようとした。グループごとにローマ帝国の滅亡の原因についてプリントにまとめさせ、発表させた。軍事、経済、社会が、帝国の滅亡にどう関わっているのかを、生徒自身に考えさせるという授業である。

しかし、生徒は、このテーマを考えるために必要な基礎知識を充分に与えられていないので、思考を深めていくことができない。生徒の発言は、生徒が今知っているレベルのことに終始してしまい、軍事、経済、社会の関係図は、結局、教師が一方的に描くことになってしまった。

この授業を見た管理職は、生徒がグループ学習している姿を見て、やはり「意欲的な授業だ」と高い評価を与えてしまった。

アクティブ・ラーニングを授業に取り入れる教師たちには、授業に対して意欲的な教師が多い。彼らは共通して、従来の「一斉型の授業」をひどくきらっている。人類の知的遺産の側から事実や知識を一つ一つ積み上げ、世界を理解していく従来の方法を「講義型の古い授業」とか「暗記主義」と呼んで、否定する。

彼らが重視するのは、「生徒なりの興味や関心」であり、「生徒が主体的に活動する」ことなのである。

そうした授業の多くは「活動あって学習なし」の授業になってしまう。生徒はよく動き回っているが、やっていることのレベルが低く、からだが動くばかりで、頭の動きは活発になっていない。

中身をわからずに授業を評価

今の学校では、多くの管理職が、その授業の中身を理解せずに授業評価をしている。

私は、副校長時代に、例えば理科系の科目を評価するなら、できるかぎり「数学I」や「数学A」、理科なら「基礎」の名の付いた「物理基礎」「化学基礎」「生物基礎」を見るように努力したものである。文系である私には、それ以上のレベルの理系の科目は、授業の中身を充分に理解できないからである。

だが、現実には、中学校や高校の管理職は、そういう努力もせずに、授業の中身を充分に理解しないまま授業を評価する。

なぜそんなことが可能なのかといえば、多くの管理職たちは、すべての教科を通じて応用可能な「授業の形」があると信じているからである。だから、授業の中身がわからないままに、「導入・展開・まとめ」の授業構造や生徒とのやりとりの技術、生徒の主体的な取り組みなどの観点から授業を評価する。

これは、かつて古代ギリシャで弁論術を教えたソフィストたちが、「知識の中身はわからなくても弁論術は教えられる」と考えたのと同じである。

だが、すべての教科を通じて応用可能な「授業の形」などはあり得ない。授業の構造や生徒とのやりとりの技術、主体的な活動といったものはすべて、授業の具体的な中身や文脈の中にこそ宿るのである。

中学校や高校の管理職は、そうしたことを理解せずに、ただ表面的な「授業の形」だけを見てしまうので、彼らの授業評価はレベルの低いものになりがちなのである。

頭の中だけで理想化

管理職は、授業の現場から長く離れている。それゆえ、授業というものを、自分が授業する立場から考えるのではなく、頭の中だけで理想化した形で考えがちだ。その理想化した姿を、校内の何人かの教師の授業に重ね合わせて、「こんな授業が理想なのだ」と決めてしまう。

それは、管理職自身の授業体験に基づいた実践的なものではない。評価の仕方や指導の仕方も実践的ではなく、頭の中だけで理想化されたものになってしまうのである。

中学校や高校では、管理職は、授業観察を通じて「授業を指導しよう」などと考えないほうがいいと思うのだが、現実はそうなっていない。

管理職による授業観察は、それを通じて各教師の様子を知るということなら無意味ではない。しかし、そうした本来の目的を越えて、教科そのものの指導にまで素人の管理職が踏み込んできた場合には、教科の専門家である現場の教師たちは、自分の信じるところのものを、管理職に対して堂々と言うべきではないか。

脇役も裏方もいない演劇

教科にはかならず共通の答えのようなものがある。例えば、三角形の内角の和が一八〇度であるとの定理に従った図形の証明問題は、誰が解いても答えは同じである。同様に、日本語の単語の意味やその単語を用いて書かれた文章の理解は、全員である程度共有できる。

しかし、子どもたちの受け止め方という視点で見ると、そこには一人一人別のものがある。同じことを教えても、A君とB君とでは受け止め方がちがう。早くわかる子もいれば、理解が遅い子もいる。積極的な子もいれば、消極的な子もいる。勉強の好きな子もいれば、きらいな子もいる。どうしても理解できない子もいる。そうした多様な子どもたちが、それぞれの知識や感性によって、各教科の中身を受け止めている。

そういう一人一人の主観的な受け止め方から出発しようとするのが、アクティブ・ラーニングである。A君、B君、C君それぞれの主観的な受け止め方に注目して、「自分自身の問題の捉え方」を自覚し、「自分の興味や関心」を明確にし、「自分の理解の仕方」に納得し、「自分の疑問点」を見つけ出す。

このように見ると、アクティブ・ラーニングとは、理想的な教育であるように思える。だが、それは、ほんとうに理想的なのだろうか。

子どもたちのうち、勉強のきらいな子やどうしても理解できない子は、そもそも、誰にも共通する「問題の客観的な意味」がわかっていない。であれば、「自分自身の問題の捉え方」などわかりようがない。

それなのに、教師は、問題の客観的な意味を充分に教えないまま、「自分自身の問題の捉え方を考えよ」と要求するのである。

小説「羅生門」でいえば、子どもは「下人はなぜ盗人になったのか」という基本的な理解ができていないのに、教師からは、「きみは、下人は羅生門を出てからどうなったと思うか。自分なりの意見を述べよ」と要求されるようなものだ。

子どもたちが、仮に、問題の客観的な意味がわかったとして、それでもどうしても興味や関心をもてないということはよくあることだ。それはまさに主観的な好ききらいや個人の自由という問題のはずだ。

小説「羅生門」でも、芥川龍之介の言葉遣いの難解さや独特の心理描写についていけない生徒が、クラスにかならず数名はいる。それなのに、教師は、興味や関心をもてない子どもはこの世に存在しないかのように、「あなたの興味や関心はなんなのか」と迫ってくるのである。

アクティブ・ラーニングで「主体的」という場合、想定されているのは、演劇でいえば、主役のことである。脇役や裏方を想定していない。

この発想は、クラスの全員で順番に主役をやるような、あの小学校の劇と同じ発想なのだ。だから、前述の小説「羅生門」でも、クラスの全員が同じように、「下人がその後どうなったと思うか」という同じテーマで、同じスタイルの発表が要求されるのである。

だが、ほんとうは、脇役や裏方として、例えば、発表のための基礎資料を用意する人も必要なのであり、それもまた充分に「主体的」なはずなのだ。

逃げ場のない授業スタイル

アクティブ・ラーニングは、その見た目とはちがって、従来の一斉型の授業よりずっと管理的である。

子どもは、全員が主体的な活動を強制されるから、逃げ場がない。少人数のグループに分けられ、子ども同士で監視し合い、主体的になることを促されるから、一斉型の授業では可能だった自由がない。生徒自身の避ける自由、脇に置いておく自由、試行錯誤する自由がないのだ。

子どもたちは、ぼんやりとしたり、別のことを考えたり、教師の指示とはちがうことに思いをはせたりすることが、なかなかできない。そのために、教師の側に高い技術がなければ、子どもはかえってつらい思いをする。

アクティブ・ラーニングに熱心な教師たちが、こうしたことに無頓着なのは、彼らが「教育することは良いことだ」ということを確信して疑わないからである。しかしほんとうは、どんなによく準備された授業でも、子どもにとってそれがつらかったり、それによって傷ついたりすることはかならずある。だから、自由の観点からは、どんな場合でも、子どもが教育から逃れる自由を確保しておくことが重要だ。

ところが、アクティブ・ラーニングの発想は、「悪いことをしていないなら、監視カメラが怖いはずがない」という発想と同じだ。この発想だと、良いことを避けようとするあなたは、良いことから遠ざかろうとしているか、あなた自身が悪いことをしているかのどちらかだということになってしまう。

この場合に問題なのは、監視カメラが悪用されて、それによって苦しむ市民がいる可能性を考えていないことである。アクティブ・ラーニングもこれと同様に、教育が悪く働き、苦しむ子どもがいる可能性を考えていないのである。

適応型人間を量産するだけ

そつなくこなす子どもの側から見たとき、アクティブ・ラーニングは、子どもがほんとうに主体的に自分の言いたい意見を言うようなものにはなっていない。

子どもは、自分が「ほんとうにどう思っているか」ということとは別に、「教師がどういう答えを望んでいるか」を察知して、そのことをさきまわりして、いかにも主体的に、自分の言いたい意見であるかのように答える。

こういう子どもは教師の「お気に入り」となり、教師は授業中に困ると、この手の生徒を頼るようになる。それでまた、この手の生徒は、ますますさきまわりして、教師が望んでいる答えを返すようになる。

こんな子どもが主体的でコミュニケーション能力の高い生徒だとするなら、アクティブ・ラーニングが想定する主体的な人間とは、教師がどういう答えを望んでいるかを素早く察知して、主体的であるかのように言い換えられる子どもということになる。

それは、その場を取り仕切る教師の想定を超えないということであり、生徒たちが学校を卒業して就職をしたときも、その場を取り仕切る上司の想定を超えないということである。

アクティブ・ラーニングがめざす人間とは、イノベーションする人間とか現状を改革する人間というよりも、現状によく適応する人間といえるだろう。

いずれにせよ、教師は、アクティブ・ラーニングの限界をよくわきまえて、従来の講義型の授業とのミックスで、その限界を乗り越えていく努力をしなくてはならない。

そうでなければ、教師もまた、管理職や教育行政と同じように、アクティブ・ラーニングをオールマイティで唯一の正しい教え方として、頭の中で理想化してしまうことになる。そうなると、教師は自分たちの首を絞めるだけではなくて、子どもたちを必要以上に傷つけることになる。

ほんとうの賢さとは？

子どもたち、とりわけごくふつうの子どもたちは、なんのために学校で学ぶのか。言い換えれば、彼らに必要な賢さとは、なんなのだろう。

それは、偏差値を基準としてレベルが高いとか低いとかといった賢さではなく、生徒の生活にとって必要な賢さだろう。

さきの見通せない不定形な状況の中で発揮される、賢明な判断力ではないだろうか。

学校で、賢明な判断力を養うためには、まずは教科の勉強に取り組まなければならない。

つまり、子どもに必要な賢さをあきらかにするためには、教科の勉強の構造と、教科の勉強の背後にある教養の問題を考える必要がある。

基礎・基本は古い考え？

教科の勉強の第一歩は、「基礎・基本」の学習である。

例えば、自国の言語や論理の習熟、各教科が示す知識の基礎部分の学びといったことである。

次いで、この「基礎・基本」を土台として、「普遍的な学習」に進んでいく。「基礎・基本」を応用する学習、自国の言語や習慣の相対化、信じていたものへの懐疑、普遍的な価値の探求といったことである。

これに対して、アクティブ・ラーニングを推進する人々は、「基礎・基本」を重視する学習を、「暗記中心」「教師中心」の古い考え方として批判する。

彼らに言わせれば、もはや「基礎・基本」の大部分はデータベースで検索できるのだから、そこに時間をかけることはムダというわけだ。「基礎・基本」はできるだけ省略して、生徒自身の主体的な学習を、「普遍的なもの」に向けていくべきだというのである。

だが、じつは、「基礎・基本」と「普遍的なもの」は密接に結びついている。そのどちらか一方を軽視することなどはできない。

この問題を、さきに取り上げた芥川龍之介「羅生門」で見てみることにしよう。

この題材における「普遍的なもの」を仮に単純化して「下人は老婆の論理とどう向き合ったか」とする。この場合の老婆の論理とは以下の通りである。

●悪いことをした人には、悪いことをしてもよい。
●生きるために仕方なくすることは、悪であっても許される。

下人は結局のところ、この老婆の着物を奪い取って、羅生門の外に出ていく。これに対して、この題材の「基礎・基本」を、仮に次のようにする。

●場面（いつ・どこで・誰が・どうした）を押さえ、場面ごとの下人の心情を読み取る。
●作者の比喩や心情描写の特色から、「羅生門」の表現の特色を理解する。
●「羅生門」の語句の意味や日本語の文法の意味がわかり、文や文章が理解できる。

アクティブ・ラーニングを推進する人々は、以上のような「基礎・基本」は、できるだけネット検索などで簡単に済ませるべきだという。そして、できるだけ早く、「下人は老婆の論理とどう向き合ったのか」という普遍的な問題に進み、討論などを通じて、子どもに主体的に考えさせようとするわけである。

だが、そうすると、国語としての「羅生門」の学習ではなくて、老婆の論理だけを倫理的に問う、思想的な学習になってしまう。

この姿勢だと、小説としての「羅生門」はただの道具であり、極端にいえば、なくてもよいものでさえある。これでは、前述の「裁判ごっこ」とそう変わらない。

小説の読解として、子どもを「羅生門」に向き合わせようとすれば、「普遍的なもの」と「基礎・基本」とが密接に結びついていることがわかる。

●下人が老婆の論理とどう向き合ったのかを知るためには、下人という人間の理解が必要である。そのためには、そこに至るまでの場面を押さえて、下人の行動の仕方や心情を正確につかまなければならない。

●下人の行動の仕方や心情はまた、比喩表現や心情描写など作者の意図的な表現によってあらわされている。だから、作者が下人について、どんな表現の仕方をしているかをつかむことによって、下人の行動の仕方や心情がつかめる。

●作者の意図的な表現を、正確につかむためには、語句の意味や日本語の文法の意味がわかり、文や文章が理解できなければならない。

このように見てみると、下人が老婆の論理とどう向き合ったのかについて、生徒たちが討論をするためには、長い読解のプロセスが必要になることがわかる。そんな授業に取り組むためには、毎回の授業を「裁判ごっこ」に費やしているわけにはいかないのである。

教養とは幅広く深くわかりやすいもの

アクティブ・ラーニングを推進する人々は、教科書に書かれている従来の教養は、データベースで検索できる時代になったのだから、暗記はムダだと言う。だが、学校の教科書は、今でも相変わらず、従来の教養を載せているし、教師は子どもにそれを覚えさせている。高校の国語は、現代文では森鷗外や夏目漱石を載せ、古典では源氏物語や枕草子や論語や史記を載せている。これらなしには人類の知的遺産に触れたことにならないと考えられているからである。

しかし、その一方で、学力下層の多くの高校で、これらの題材を扱うことが困難になっている。なかには、これらの題材をほとんど扱わずに、ショッピングや旅行などについての実用的な文章や生徒自身の書いた文章を題材にして授業をしている学校もある。子どもの現状を考えれば、それもしかたがないと思うが、それで人類の知的遺産を教えたことになるのかという疑問も残る。

学校が教養の「なにを」「どこまで」教えるのかということが問題になるだろう。この問題に決着がつかなければ、たしかにアクティブ・ラーニングを推進する人々が言うように、教師の仕事は教養をただ暗記させるだけの仕事ということになってしまう。

東京大学で長く英語教育改革を手がけてきた佐藤良明氏は、講演『専門家』という甘えの構造」の中で、教養について以下のように説明している。

●教養とは、専門の厳密さや細かさにこだわらない、幅広のもの、区切りのないもの。
●教養とは、専門のように難解で複雑でなく、易《やさ》しくて単純に語ることができるもの。

教養とは、専門的にすべての「古典的な題材」をカバーしなくてもよく、むしろ、それらに共通するものを、やさしく単純に語るものである。教養とは、普遍的であるだけでなく、柔軟な知恵という側面をもっている。だからこそ、それを身につけた者は、不確定なことに直面してもあわてず、賢明な判断力を発揮することができるのである。

柔軟な知恵とは、どのようなものなのだろうか。佐藤良明氏は、次のように説明する。例えば、英語では、「ｓｏｍｅ」と「ａｎｙ」の区別がつけにくい。辞書には、「いくつかの」「ある……」「かなりの」などの訳があるが、両者をどのように使い分けるのか、すっきりとした説明はない。

これについて佐藤氏は、英語の世界では「ｓｏｍｅ」が「肯定的なある」であり、「ａｎｙ」が「あるかないかの宙ぶらりん」（つまり肯定的でも否定的でもないある）だと説明する。その本質的な差がわかっていれば、あとは好みによって使い分ける。

このように、本質を、幅広く、わかりやすく規定したうえで、あとは使い方の好みと投げ出す。そして、それを主体的に使いこなせるように促す。それが教養教育であると説明している。

言葉について深く知り、その哲学を実践できるようになることが、教養が身につくということなのである。

アクティブ・ラーニングのほんとうの意味

佐藤氏が提案していることを、学校の各教科でも、それぞれの教科の特性に応じてやっていけば、学校は「なにを」「どこまで」教えるのかという難問にも答えが見えてくるだろう。

例えば、国語の授業で、源氏物語の「あはれ」と枕草子の「をかし」を比較し、前者は「ああ、はれ！」というため息を元にしたウエットな感情、後者は「をく（招き寄せる）」を元にした「招き寄せたくなる」感情という本質を教える。

あとはそれぞれの好みの問題なのだと、生徒の前に投げ出して、教師は生徒とともに考えてみる。例えば、あなたは、「あはれ」派か、それとも「をかし」派か。その理由はなにか。そんなことを考えてみてもいい。

また、枕草子の「をかし」から発展して、今の時代の「かわいい」について考えてみてもいい。今の時代に「かわいい」ものとはなんだろうか。現代版の『かわいい』づくし」をつくってみる。そのうえで、枕草子の「うつくしきもの（かわいらしいもの）」と比較してみてもいい。

このようにして、生徒は教師から教養を教わりながら、一方でその教養を生かして、目の前の具体的な問題についてなにが望ましいかを、教師とともに考えていく。そんなふうに教師と生徒、生徒と生徒がともに考えていくことが、生徒の賢明な判断力を磨いていくことになる。アクティブ・ラーニングのほんとうの意味とは、じつはこういうところにあるのではないか。

第5章

教師は「都合のよいドラえもん」

自由も自主もない現場

際限なく要求される教育サービス

教師は、かつては「聖職者」として、人々から尊敬されていた。人々は教師を、「自分たちにはできないことをするエライ人」と思っていた。

しかし、今では、教師の地位は、「人々に公共サービスを提供する公僕」というところまで下落してしまった。教師がただの公僕であるならば、公僕に高度なことなどは要求できない。教師は、公僕にふさわしい責任範囲でふるまえばよい。

ところが、教師はもう一方で、公僕とは異なる役割もまた期待されている。保護者や世間の人々からつねに、「あなた方は先生でしょう？　それぐらいのことはきちんとやってよ」と言われたりもするのだ。

つまり、人々は、教師を尊敬しておらず、人々に教育サービスを提供する公僕と見下しているのに、一方では、教師なのだから、どんな教育サービスにも応えられるスーパーな能力をもっているべきだと思っている。

教師とは、「のび太」にとっての「都合のよいドラえもん」のようなものなのだ。人々は教師を、自分の欲望をなんでも実現してくれる、都合のよい存在と考えているのである。

だから、人々は、教師に対して、あらゆる教育サービスを要求してくる。

例えば、部活動、地域での見守り活動、生徒の家出についての捜索と報告、いじめや虐待にともなう家庭の問題、貧困の問題、英語教育、プログラミング教育、環境教育……等々。

ここで、第3章で述べた「塾の市場的な交換関係」と「学校の贈るという関係」という言葉を使って、この問題を考えてみよう。

学校の教師がもし、生徒や保護者に対して「塾の市場的な交換関係」にあるのならば、そこには明確な契約があるはずだから、それを盾にして、無理な要求を断ることができる。ところが、学校の教師にはこうした契約はないから、人々の無理な要求を断ることができない。

また、教師がもし、かつてのように生徒や保護者から尊敬されるような「贈るという関係」を維持していたならば、人々は遠慮して、無理な要求をすることはできないだろう。

ところが、人々は、今の教師をかつてのように尊敬していないのに、自分の欲望をなんでも実現してくれる人＝どんな「贈りもの」でもしてくれる人と思っているから、無理な要求をする。こうして教師は、人々の都合にどこまでも振り回される「都合のよいドラえもん」となってしまうのだ。

「悪いのは教師です」が教育行政の弁

教師にしてみれば、「ドラえもん」のように人々の欲望をなにからなにまで実現することなどできないから、彼らを失望させてしまう。それでも人々はあきらめられない。実現されなかった自分たちの欲望を、教師が実現するように要求して、ふたたび言う。「あなた方は先生でしょう？　それぐらいのことはきちんとやってよ」

こうした「のび太」的な要求に対して、「あなた方のおっしゃることは正しい」「教師にはきちんと仕事をさせます」と請け合ってきたのが教育行政なのである。

そういう意味では、教育行政こそが、教師の仕事を歯止めなく拡大し続けたともいえるし、また、大衆の欲望の変化に忠実にふるまってきたともいえる。

もちろん、現場の教師がこうした変化への対応に疎《うと》かった面もあっただろうが、教育行政は、教師や学校を「改革」の対象にすることで、教師に対する支配や管理を強め、それを「正しい改革」としてきた。そのために、教師はかつて手にしていた数々の自由を教育行政によって奪われ続けた。

かつての聖職者としての教師と、今日《こんにち》の際限なくサービスを要求される教師との落差を見ると、教師は、まるで別の職業になってしまったかのようだ。三〇年前の教師には、かつての大学教授と同程度の自由があり、多くの若い人たちにとっての憧れの職業だった。その三〇年後の今、そんな自由は失われ、教師は人々から際限のない要求を受ける「都合のよい人」である。

憧れの聖職者と、人々の際限のない要求を受ける「都合のよい人」。その落差こそが、教師の仕事がブラックになってしまった大きな原因の一つである。

許されなくなった自主研修

教師は教えることが仕事である。教えるためには、つねに多くのことを学ばなければならない。また、多様な子どもたちに対応するためには、教師自身が、多様な学びをしなければならない。一般の公務員とは異なり、学ぶことそのものが教師の職務であるのは、そのためである。

教育基本法第九条には、教師は「絶えず研究と修養に励み、その職責の遂行に努めなければならない」とある。つまり、教師には、職務として学ぶ機会が必要なのだ。三〇年前にはそれが、みずから自主的に学ぶ「自主研修」という形で用意されていた。

かつては、定期試験の後の期間や夏休みなど、自宅、図書館、大学などで自主的に研究することができた。ふだんの日でも、授業に支障がない範囲で、大学の研究会や民間の研究団体の勉強会や職員団体の研究会に出ることが「自主研修」として広く認められていた。

ところが、三〇年後の今では、こうした学びの機会は保障されていない。

そうなったことには、さまざまな理由があるだろうが、「聖職者」と見なされていた教師への尊敬が薄れるとともに、人々が、教師の自主研修に対して理解を示さなくなったことがある。

例えば、夏休みに、自宅で教材研究をして、途中で休憩のために往来に出れば、「教師は、夏休みはただ休んでいるだけ」「休んでいる夏休みに給料を出すのはおかしい」といった目で見るようになった。

こうした人々のまなざしの変化に応じて、職務として学ぶことを記した法律は、教師の「自主研修」には適用されず、教育行政が計画し強制する「官製研修」にのみ適用されるようになっていったのだろう。

教師が自主的に勉強しようとすると、管理職は「勉強したいのなら、休暇をとってやりなさい」と言う。

教育行政や管理職が教師の自主的な研修を応援しなくなれば、教師は自主的な勉強の仕方を忘れていってしまう。そうなれば、教師は、自分にとって最も必要なことを学ぶことができなくなってしまう。子どもたちはますます多様化しているというのに、教師の側がこれでは、柔軟に対応することなどとうていできない。

教師を階層化・序列化した弊害

三〇年前、教師は子どもの前に立つときは、みな自由で平等だった。これは、子どもの前に立って教えるという「教育上の地位」という面でぜひとも必要なことである。

だが、教師は、この自由で平等であることを必要以上に主張しすぎた面もある。

教師にも、民間企業と同じように、企画、会計、保健、渉外などの仕事がある。これらの「職務上の地位」については、民間と同じように、職を階層化して、仕事を序列化することが有効である。ところが、教師の自由と平等をこうした仕事にまで広げて適応したために、非効率になったり、一部の教師に仕事が集中したりということが起きた。

そこで教育行政は、若手を「教諭」、中堅を「主任教諭」、ベテランを「主幹教諭」とする階層化を導入。ある程度の効果をあげたことは事実である。

ところが、この階層化が、「教育上の地位」にまで導入されたため、大きな弊害が生じた。子どもの前に立って教育するという営みにおいては、教師がいったん独り立ちすれば、若手にも、中堅にも、ベテランにも、それぞれの良さがあり、これを序列化することはできない。

若くても、中堅やベテランよりも力を発揮する優秀な教師もいる。ある面で「年の功」が通用しないところがあるのが、「教育上の地位」の世界である。シビアな世界ではあるが、この点は予備校や塾などの講師とも似ていて、実力本位の世界であり、階層化が似合わないものなのである。

だからこそ、若手、中堅、ベテランそれぞれがチームを組むことによって、それぞれに「所を得る」、すなわち適切な科目やチームで力を発揮することが重要なのである。

ところが、階層化の導入によって、そうした力の発揮の仕方が困難になってきた。

若手はいつまで経っても教諭ということで、階層が上の人たちから独り立ちさせてもらえない。また、中堅やベテランは、若手や管理職から、「それで主任教諭と言えるのか」「主幹教諭と言えるのか」と非難されるようになった。

階層化と序列化は、相互の抑圧とバッシングを生み出し、教師たちが築いてきたチームの力を弱めることになったのである。

若手、中堅、ベテランが、それぞれに所を得ることができなくなれば、子どもたちに対する教育力が低下してしまうのは当然である。

在宅勤務で自主研修を拡充

かつて、教師は自由で、「教育上の地位」としての自由裁量が大きかった。

ところが今では、教師に自由はなく、「教育上の地位」としての階層化が進んでいる。

教師の仕事を根本的に魅力あるものにするためには、この自由と自由裁量とを取り戻す必要がある。

そのためには、教師の「自主研修」の権利を拡大していくことだ。

だが、人々の厳しいまなざしは今も変わっていないので、ただ昔に帰るというだけでは許されないだろう。そこで、発想を変えて、現在の新型コロナウイルス対策としての在宅勤務を今後も部分的に持続していくということをやってみたらどうか。在宅勤務ということであれば、教師にだけ特別なことではなく、むしろ「ふつうの職業人」の一員としての、「新しい働き方」ということになる。

教師の職務は研修も含むので、この在宅勤務には、教材研究などの「自主研修」も含まれる。

これをまず、定期試験後の期間や夏休みに適用する。じつは多くの私立学校の教師には保障されているものなので、実現のハードルは低いのではないか。

このようにして教師の「自主研修」を広げていく理由は、まだほかにもある。日本はもともと教師の自主的な研究会が非常に多い。大学と連携した研究会、民間団体の研究会、職員団体の研究会、地域の研究会……等々。これが日本の教師の優秀さを保障してきた。かく言う私も、「プロ教師の会」という民間団体に所属して、何十年も勉強を重ねてきた。そういう教師の自主的な研究を維持し、発展させるためにも、教師の「自主研修」の拡大が必要なのだ。

学校の中でムーブメントを起こす

「教育上の地位」の自由裁量の拡大については、学校内で、「授業リーダー」を中心とした自主的な研究体制をつくっていくことが有効である。同僚同士のピア・レビュー（相互評価）、教師たちの互選による「模範授業」とその研究、校内での研究活動、大学などの校外との連携活動などが活発におこなわれる場をつくっていくのだ。

では、そのような「授業リーダー」による研究体制は、具体的には、どのようにつくられていくのだろうか。

それは、学校の中で、ムーブメントを起こすことによってつくられていくのである。ムーブメントによって、教師同士が、各教科内で、あるいは教科を超えて交流せざるを得なくなる。

私が経験したある学校で、普通科ではなく商業系の専門学科なのに、子どもや保護者のニーズは大学進学であるという学校があった。国語や数学などが普通科のように時間数を確保できず、学力入試では不利であったため、商業系の専門科目を生かした形での推薦入試に活路を求めるしかなかった。

そこで、この推薦入試に対応するために、教科を横断した「小論文チーム」を立ち上げた。最初は有志的に、国語、英語、商業の少人数の教師で立ち上げたのである。そして、大学が要求する学力の質やレベルを分析し、各教科で研究を重ねていった。それは、具体的な生徒の指導を通じての研究であったから、その中身も具体的なものになっていた。

各教科の中でどのような知識を積み上げていくのか、そのためには、どんな授業が必要なのか、教科同士の連携はどのようにするのが効率的なのかを考えていった。すると、おのずと「授業リーダー」が生まれていき、「授業リーダー」を中心として、各教科のカリキュラムの見直しや、授業交流が生まれ、年度末には総括会議をして、経験を共有していった。

こうして、「小論文チーム」は成果をあげ、全校的な組織に発展していったのだが、ここでは管理職の役割も非常に重要であった。すなわち、管理職は、具体的な教科の中身や教え方には口を出さないこと、その代わりに、学校のビジョンを魅力的に語って教師をその気にさせること、適切な人事配置をして教師を動きやすくすること、予算や外部の有識者を引っ張ってきてムーブメントを活性化させること、個性的な「授業リーダー」たちをまとめて組織的な動きを促すことなどである。管理職が「職務上の地位」の長として、「教育上の地位」の教師たちをこのように支援することができれば、学校全体が盛り上がっていくのである。

冷房もない現場の準備室

三〇年前、学校の管理職は、現場の各組織の意向を大切にしていた。

例えば、国語科の教師の採用などの人事を決めるときには、国語科の教師たちの意向をまず確かめ、できるだけその意向を生かすような人材配置をした。

管理職は、現場の声を聞かなければ、「ほんとうの必要」がわからないからである。昔の管理職がそういうことができたのは、教科に関しては自分が素人であるという自覚が強かったからでもある。

しかし、一方では、各教科会などの現場の声が強すぎて、「木を見て森を見ない」人事ができてしまった面もある。つまり、管理職のもつ全体的なビジョンがこれらの中間組織に阻まれて、充分に発揮されないということもあったのである。

それもあって、管理職は、自身の考える全体的なビジョンのために、これらの中間組織による現場の声をないがしろにするようになっていった。

例えば、国語科の教師の採用や人材配置をめぐっても、国語科の意向を確かめたり、また、その意向を尊重したりはしない。そのため、国語科にとって必要な教師が採用されず、人材配置もされない。管理職の恣意的な人事がまかり通ってしまうのである。

しかも、現場にいちばん近い各教科に対して、教育行政は非常に冷たい対応をしている。具体的にいえば、高校などの現場では、各教科の準備室は、教師にとって「第二の職員室」となっており、そこで会議をしたり研究をしたり生徒の質問を受けたりと、さまざまな活動をしている。

ところが、教育行政は、それほど重要な各教科の準備室に、都立高校ではこの三〇年間、冷房を入れることを原則として許さないのである。生徒が使う教室については、ほぼ完全に冷房が入っているにもかかわらず、教師の使う部屋についてはないがしろにする。そのため、多くの都立高校の準備室は、夏のあいだは使うことができないという非効率が続いている。

議論も採決もなく報告ばかりの職員会議

三〇年前も今も、教師全員が集まって開かれる職員会議というものが、学校にはある。しかし、その中身は、昔と今とではまるでちがう。

三〇年前の職員会議では、例えば文化祭の中身をどうするかとか、年間の行事をどのように配置するかとか、重要な議題について教師全員で議論をし、挙手による意思確認を通じて、ものごとを決定していた。

そこには弱点もあって、例えば、自分の発言に責任をもてる立場にない人が大きな声を出したり、教師全員という規模で議論するには効率の悪いことまで議論したりすることもあった。また、職員会議での教師たちの議決権を盾にして、管理職とムダに対立をするようなこともあった。

そんな経緯もあって、管理職や教育行政からの強い要請があり、職員会議は校長の補助機関と位置づけられて、法制化もされた。

その結果、教師たちの挙手や採決が禁止され、議論もほとんどされなくなった。残ったのは、管理職の話と報告事項ばかりである。

職員会議に意義が感じられないため、「職員会議なんてムダだ」という意識が教師たちのあいだで広まり、さらに形骸化が進んでいるのが現状である。

だが、職員会議というものは、その弱点さえきちんと意識しておけば、利点は多い。全員ミーティングにすることにより広く知恵を結集して、ボトムアップの力でアイディアを実現していくという利点である。これは、一般公務員や民間企業などでも取り入れられている方法である。

現場にボトムアップの力を!

中間組織や職員会議のような、教師たちのボトムアップのための課題は、どのように解決されるべきであろうか。

まず中間組織であるが、国語科会のような教科会は、「教育上の地位」にともなう組織であり、教師としての専門性が最も発揮されるべきものである。

ところが、現状では、「企画調整会議」のような中核組織の下部機関となり、中間組織としての独自性がない。

教師がその専門性を発揮して、学校運営の主体になるためには、この力関係を崩して、中間組織に力を与えていくべきである。そのためには、これらの中間組織に、人事と予算と施設と研究の権限を与えることだ。

人事については、公募を含めた新規採用や異動といった人材配置に関して、教科の意見が尊重される体制をつくる。

予算については、予算調整会議などのメンバーに教科代表を加える。また、単年度の予算案だけでなく中長期の予算案も教科から提出できるものとする。

施設については、各教科の準備室等を充実させ、冷房を入れるなどする。これには、管理職や事務室を巻き込んで、教育行政に何度でも要請を出すことである。そうすることで準備室に冷房が入った例もある。

研究については、研究のために毎年、一定の予算と研修出張を認める。使わなければ、翌年に繰り越すか、他教科に回す。詳細な報告などは求めない。

一方で、職員会議については、どのように考えたらよいのだろうか。

職員会議を管理職の話と報告事項だけで終わらせるのは、あまりにももったいない。

職員会議はたしかに、法令で「校長の補助機関」と位置づけられているが、なんのための補助機関かといえば、そこには、校長が教職員の意見を聞くということも含まれているはずである。だから、どの学校でも、次のような職員会議の改革は可能である。

●報告事項は、セクションごとに時間を書き込み、合計三〇分以内で終わらせるようにする。

●すり合わせが必要な報告内容は事前の企画調整会議などで済ませておき、不規則発言を防ぐ。

●協議事項に三〇分程度を割き、毎回テーマを絞って、協議事項について協議する。必要に応じて校内研修会のような小集団討論も入れる。

休憩もとれず病気になる教師たち

学校の授業には時間割はあるが、学校の仕事は「時間決め」でやれるものではない。

昼休みの時間一つをとっても、例えば、一二時三〇分〜一三時二〇分のように決められていても、その通りにとることは、まずできない。小学校や中学校では給食指導があるし、それ以外にも、委員会が開かれ、個別指導があり、さまざまな事件の対応に追われる。

だから、三〇年前には、昼休みは、定められた時間ではなく、各自とれる時間に柔軟にとっていた。教師は、そのような裁量があることによって休息することができ、心身の健康を保つことができたのである。

ところが、三〇年後の今では、そのような自由な裁量が許されなくなった。

「聖職者」と見なされていた教師への尊敬が薄れるとともに、人々が、教師の自由な裁量時間に対して、理解を示さなくなったからである。例えば、二時過ぎになってやっと時間が空き、近くのレストランで食事をすれば、「なぜ三時前にコーヒーなんか飲んでいるんだ」と言われ、また、昼休みを後ろにずらして、四時台に学校を出れば、「どうして定時の五時より前に仕事場を離れるのだ」と言われてしまうようになった。

その結果、教師は、教育行政や管理職から、「昼休みは一二時三〇分から一三時二〇分までなので、その時間を守るように」と指導されるようになった。人々の教師へのまなざしの変化に応じて、教育行政が、教師の仕事を、事務員と同じ「時間決め」の仕事と見なすようになったわけである。

こうして教師は、休憩も中途半端にしかとることができなくなり、一日中働き続けることになった。そのせいで心身の健康を保つことができず、病気になってしまう教師が増加した。これも、教師の仕事がブラックになる原因の一つである。

解決策として、昼休みの休憩時間を裁量労働制のように考えてみてはどうだろう。

つまり、昼休みを、通常の企業の裁量労働制と同じように、時間差で取得できるようにする。例えば、五種類の勤務時間帯を認めれば、それに合わせて一二時台、一三時台、一四時台、一五時台、一六時台の五種類の休憩時間が可能になる。

すなわち、勤務時間のような勤務条件についても、まずは、教師をむしろ「ふつうの職業人」の一員として位置付け直し、今の時代にふさわしい「新しい働き方」をめざしていくべきではないか。

煩雑なセキュリティ作業の非効率

教師にとって、教材作成は非常に大切なものである。かつては、自分のパソコンやＵＳＢメモリを用いて、学校でも、自宅でも、出張先でも、自由に教材を作成し、その教材を使用することができた。

ところが、今では、個人パソコンの使用やＵＳＢでのデータの持ち運びが禁止され、学校用のパソコンが用意されるようになった。しかし、東京都の場合、これがお粗末すぎて使い物にならない。

例えば、国語の教師が、古文の題材となる絵巻をインターネットで検索して、印刷する。あるいは、生物の教師が、細胞の絵図を検索して印刷する。こうしたごく基本的な操作が、学校用パソコンでは、ふつうのパソコンの数倍の時間がかかる。

これは、学校外の一般の人々には、とても理解しがたいブラックな世界である。

学校用パソコンで困るのは、インターネットで検索したものをすぐには保存できないことだ。

インターネットのデータ保存のためには、東京都の場合、コンピュータウイルスなどの被害を防ぐための「無害化システム」を通さなければならない。このシステムを通すのに、非常に煩雑な手間暇がかかる。

しかも、階層が「教諭」である教師は、この「無害化システム」を通すために、「主任教諭」以上の教師に承認をもらわねばならない。こうした作業は、「主任教諭」以上の教師の仕事をいったん中断させてしまうので、教諭の側は承認を気軽には言い出せない。

学校用パソコンの使いづらさは、教材作成だけに限らない。例えば、教科書会社が出しているCD－ROMを利用する、漢字検定のインターネット申し込みをするなども、「無害化システム」を通さなければならず、「教諭」は「主任教諭」以上の者に許可を得なければならない。

また、学校用パソコンは、職員室の机にワイヤーで固定されているから、動かすことができない。つまり、自宅に持ち帰って仕事をすることができない。さらに、学校用パソコンの独自メールで教材の画像を送ろうとしても、メールの容量に制限があるため、送ることはできない。ちなみに、Gメールやヤフーメールなどのフリーメールは使用禁止である。

ここまでパソコンの使い勝手が悪くなってしまう背景には、教育行政が教師を信用していないという問題がある。つまり、教育行政は、教師がパソコンやインターネットを悪用することを警戒するあまり、パソコンやインターネットの環境を悪くするという、時代に逆行したことをやっているのである。

解決策として、教材研究などに関する作業は、支給される学校用パソコンとは別のパソコンを使うようにすればどうか。このパソコンでは、インターネット自由、持ち帰り自由、フリーメール自由とするのである。

そういう意味では、都立高校には、おあつらえ向きのパソコンがある。ＩＣＴ（情報通信技術）教育用パソコンである。通常は授業で映像を見せたり、パワーポイントを使ったりする際に使われている。これを教師の教材作成用に使えるようにするのだ。

ところが、このパソコンは台数が四〇台しかないために、教師が五〇人以上の高校では足りなくなる。一人の教師が使い続けるわけにはいかず、家に持ち帰ったり空き時間に教材作成したりすることもむずかしい。

教師の人数分だけ、一校につき、せめてあと一〇台から一五台追加することができれば、教師に一人一台のＩＣＴパソコンが行き渡り、使い勝手は格段によくなる。

教育のサービスマンでいいのか

歯止めのきかないサービスを要求される「都合のよいドラえもん」という教師の位置づけは、今後もしばらく変わらないだろう。事実、最近の若い世代の教師たちは、そういう「都合のよいドラえもん」という役割をそつなくこなして仕事をしている。

だが、教師が子どもにとって「都合のよいドラえもん」として適応するだけでは、教師に未来があるとは思えない。そうした適応の仕方は、一方で、教師が個性を失い、マニュアル人間になっていくことで、教師の仕事をますますブラックなものにする側面をもつと思うからだ。

教育が人間の手によっておこなわれる以上、その人間の個性を通じてしか教育は伝わらない。だから、教育にとって個性はきわめて重要であり、マニュアル教師が増えていくことは、「教育の死」を意味すると言っても過言ではない。

したがって、ここでは、マニュアル人間とは正反対の、個性的な教師のことを考えてみたい。

それは、個性的な「デモシカ教師」のことである。

個性的な「デモシカ教師」は、三〇年前の学校にはたくさんいたが、三〇年後の今では、かなり稀少なタイプである。個性的な「デモシカ教師」が少なくなったことにこそ、この三〇年間の教師の変化が最もよくあらわれているのかもしれない。

求められる個性的な「デモシカ教師」

かつて、「デモシカ教師」と呼ばれる教師が多数存在していた。

当時の中学校や高校の教師は、教育大学でも教育学部でもない、一般大学の他学部出身の教師が多く、「なんとなく教師は自由そうだな」というぐらいの理由で教師になるデモシカ教師が多かったからである。つまり、「教師にでもなるか」「教師にしかなれない」ので「デモシカ教師」である。

じつは私も、教師になったときは、その「デモシカ教師」の一人であった。

たしかに、この「デモシカ教師」のなかには、ただただやる気がないだけの教師も存在していた。しかし、その一方で、個性的な「デモシカ教師」たちは、学校でそのユニークな力を発揮し続けてきたのである。
個性的な「デモシカ教師」は、次のような特色をもっていた。

●教育に幻想をもっていない。自分がやれることはわずかだと思っている。
●教育とは別の、独自な趣味や世界をもっていて、個性的である。
●ルーティーンの仕事のやり方はふつうで、時間外勤務を好まない。
●教師の実践としては個性的で、バランスがよいとはいえないが、この教師に影響される生徒や教師はかなり多い。

今、個性的な「デモシカ教師」はあまり評判がよくない。あるいは、個性的な「デモシカ教師」というものを知らない人も増えてきた。
福田恆存は、『日本を思ふ』（一九六九年）の中で、「デモシカ教師」について次のように書いている。

「昔、師範学校や高等師範学校を出た熱心な教師が、『デモシカ教師』よりダメだったのは、彼らが熱心に専門家であり、子どもを操れると信じてしまったからである。通常、『経験を積んだ先生のほうがよい』と言われるのは、その経験のために、その教師があきらめて不熱心になっているからである。時間決めでやってきて、時間決めで帰っていく『冷淡な教師』のほうが、のべつ幕なしに多くのことを期待する父親のような教師より、ずっと良い教師である。」

T先生独自のスタイル

T先生は、現在五〇代の国語科の男性の教師である。世界文学、漫画、ギター、骨董など、多彩な趣味をもっていて、それらの趣味の話がおもしろいと、生徒にも教師にも評判である。授業はかなり個性的で、教科書の題材を扱いながら、その題材の背景や関連エピソードへとどんどん発展する。その授業スタイルを熱烈に支持する子どもは多い。

また、T先生は、通常の先生にはよくあるような、「生徒をこのように育てよう」とか「自分の理想に向かって生徒をこのように誘導しよう」という思いが弱い。だから、個人面談でも、文化祭の取り組みでも、T先生自身の思いから動くことはなく、子どもたちの要求に応じて動く。

要するに、進路とか学校行事とか自分の業績のために、生徒を手段にするようなことをしないということである。子どもをコントロールしようとしないので、そのことによって救われる者がずいぶんいるのは事実である。

T先生はまた、生活指導においては、子どもたちの個別の訴えに耳をよく傾けるやり方である。時間がかかるし、指導する生徒の数も多くなる。なかには、そういうT先生の生活指導のやり方に乗じて、自分の規則違反を見逃してもらおうとする生徒も出てくる。だが、このようなT先生の聞き方によって、「ほんとうによくわかってもらえた」と感動する子どもも多い。

教師が個性的であるとは、このように——T先生の場合であれば——自分の独自の世界を持ち、自分からはけっして子どもをコントロールせず、よく耳を傾ける、というスタイルにあらわれている。そこには、別の教師によっては代えがたい、高い教育的な価値があることは、あきらかであろう。

土台はみんなでつくればいい

世の中全体がマニュアル化し、学校の教師もマニュアル人間が増えてくると、T先生のような個性的な「デモシカ教師」に対する風当たりも強くなってくる。

T先生のような個性的な授業を好まず、「きちんと教科書をやってほしい」と言う子どもや保護者も出てくる。また、子どもをコントロールしようとしないT先生のやり方を、「物足りない」と思う人も出てくる。さらには、T先生は子どもの言うことを聞きすぎだから、ほかの教師たちと同じようにもっと生活指導をするべきだと言ってきたりする。

つまり、一部の子どもや保護者は、T先生の独自なやり方に不安を感じているのである。例えば、子どもをできるだけコントロールせずに、教師が干渉しないというやり方を続けていれば、クラスはどうなってしまうのか。子どもや保護者は、そこに不安を感じるのである。クラスが教師から干渉されないことにより、そこは、弱肉強食の無法地帯になってしまうかもしれない。子どもや保護者は、教師から干渉されない自由よりも、子ども一人一人への配慮がほしいのである。

これをT先生の側からいえば、いくら自分が個性的であっても、「T先生ワールド」を一人で守り続けるのはむずかしい。今の学校では、一人の教師が単独で影響を与えられる世界は限られているのである。

だから、学校においては、最低限の土台については、全員でつくりあげて共有する。その共有された土台のうえで教師は個性を発揮する。

例えば、T先生であれば、教科書はある程度きちんとこなしながら、T先生得意の背景や関連エピソードを膨らませていく。面談の仕方とか、ホームルームでやるべきこととか、服装指導とか、学年で統一してやったほうがいいことについては、T先生もみんなと同じようにやる。そのうえで、T先生の個性を発揮すればよいのである。

学年で統一してやったほうがいいことは、それほど多くはない。それどころか、学年で「一枚岩」になって一律に指導をすると、かえって問題をこじらせてしまう生徒もいる。

それなのに、今日の生徒指導の多くは、担任指導→学年指導→生活指導部指導→校長指導（特別指導）という一方向で進んでいく。この一方向で、指導の困難な生徒を順に上にあげていき、それにつれて厳しい指導をしていくのである。

しかし、じつは指導の困難な生徒ほど、もっと下位の学年指導や担任指導が有効である場合も多い。指導の困難な生徒だからこそ、生徒指導のベテランや校長ではなく、その生徒のことをよく知っている教師の力が必要なこともあるのだ。

その場合、生徒との相性など人間的な要素が重要になる。T先生のような、子どもたちの個別の訴えによく耳を傾けることのできる教師が力を発揮することはよくあることだ。

つまり、個性的な「デモシカ教師」は、一律的でマニュアル的な手法が広がりつつある学校の中で、子どもにとって価値のある教育を展開することができるのである。

第6章

教育行政が現場を支配

はびこっていく官僚主義

効果についてチェックなしの教育行政

教育は、政治や経済とは異なり、中立的なものであると、人々に思われている。教育行政は、政治的な偏りのない、中立的な行政であり、教育行政がやることは、教育委員会の指導の下に、常識的で、万人が納得するものであるにちがいないと信じられている。そう信じられることで、教育行政にはチェック機能を果たす機関が少なく、その行き過ぎをただすような対抗勢力も少ない。

これが政治への影響のある改革、例えば経済改革であれば、どのような成果があったかによって、その経済改革の良し悪しが判断されるはずである。

ところが、教育行政は、そうした判断を求められない。教育行政がおこなう教育改革の成果について反省することがあまりない。

教育行政の人たちは、教育改革について、「どんな改革でも、改革をしないよりは、改革をしたほうがいいのだ」と言う。成果を問われない改革が続いても、疑問視されることがないから、彼らはこんな珍妙な言い方をするのである。

その結果、ただ改革をして、ビルドにビルドを重ねていくことになる。結果を検証して、スクラップ・アンド・ビルドをすることができない。

まるで社会主義国のように横暴な教育行政

教育行政が、政治から独立した「中立的なもの」と見なされ、チェック機能が働いていないということは、教育行政自身があらゆる権力を一手に引き受けてしまっていることを意味している。つまり、教育行政は、まるで社会主義国のようにオールマイティな権力をもっていて、特に教師に対して、その権力を横暴に振るうのである。

教育行政も行政の一環であるから、本来は執行機関としての性格しかないはずである。ところが、教育行政は、ほかの行政と異なり、事実上、立法機関と司法機関と研究機関も独占しているに近い。立法機関に関しては、彼らが法律に頼らず、つぎつぎと「通達」を出すことで施策を進めていくところを見れば、よくわかるだろう。

例えば、二〇〇三年、東京都から「10・23通達」と呼ばれる通達が出された。教師に対して、国旗に正対して国歌を斉唱することを義務付けたものである。これによって、卒業式などで、国旗・国歌に反対する教師たちをつぎつぎと「服務事故者」として処分していった。

国旗と国歌については、一九九九年に国会で「国旗国歌法」が制定されているが、国旗・国歌に対する教師の行為をここまで縛ってはいない。

同様に、職員会議の挙手の禁止、人事委員会の禁止、教師の職の階層化、夏休みの自主研修権の取り上げといった大きな転換も、教育行政が出す一片の通達で可能になった。

このようにして教育行政は異論を封じ、従わない教師たちをつぎつぎと処分していく。

法律とは本来、国会や都道府県議会で議論がなされ、オープンに、時間をかけて制定されるものである。それなのに、教育行政の場合には、そういうチェック機能がほとんど働かない。そこには議論もなく、反省もなく、外部評価もないというありさまである。

行政処分で教師を管理

司法に関しても、教師に対しては「行政処分」という形で、教育行政がその権限を一手に握っている。

教師の服務について、教育行政が直接に、懲戒免職、休職、減給、戒告、文書訓告、口頭注意などをおこなう。

私自身、文書訓告と口頭注意を受けたことがあるが、その取り調べから処分に至るまで、いわゆる弁護機能・代弁機能のようなものはいっさいない。教育行政がただ一方的に解釈し、決定していくだけで、異論を取り上げていく道筋がない。

教師の自由を守るための「駆け込み寺」のような第三者機関がないので、教師は、どうしても必要なら、弁護士のところへ駆け込むしかない。

教育行政は、立法と司法とを兼ねた権限をもつ以外にも、研究機関まで兼ねている。教育行政組織の一つである「教職員研修センター」が拡大し、教師のすべての研修を一元管理し、いわゆる「官製研修」で管理するようになったのだ。

教科の研修も、教科外の研修も、教育に関わるあらゆる研修がここで受けられるというタテマエになっている。だが、その主体は教育行政だから、今の教育行政がおこなっていることを批判的に見ることはなく、むしろ逆に、現状の教育施策の啓蒙・指導という性格が強い。教育的な専門性という観点からは中立性を欠き、問題が多い。

そもそも、研究機関というものは、執行機関からは距離をとり、批判の自由が保障された独立的なものでなくてはならないはずであり、東京都ではかつて、「都立教育研究所」という形でそれが実現していた。ところが、この中立的な「都立教育研究所」が廃止され、現状の教育体制にべったりの「教職員研修センター」ができたのである。

以上のように、教育行政は、執行機関、立法機関、司法機関、研究機関の権限をすべて引き受け、しかもどこからもチェック機能が働かないオールマイティな組織になってしまっている。だから、教育行政は、教師に対して、まるで社会主義国のような横暴なふるまいをするのである。

プライベートな旅行にも届け出が必要

教育行政の教師に対する横暴さは、まずなによりも、教師の人権をないがしろにするということにあらわれている。

教師は、教育行政と管理職によって、「ふつうの市民」としての権利を保障されていない。例えば、今の教師は、夏休みに休むときは年休（年次有給休暇）や夏季休暇をとっている。ところが、その休暇期間中にプライベートな国内旅行をするのにも、管理職から「私事旅行届け」を出せと言われる。

本来は、休暇をどう使うかは教師の自由であり、管理職に干渉される謂《いわ》れはない。

ところが、管理職は、世間の人々が、「教師はどうせ夏休みは勝手に遊んでいるのだろう」という目で見ているから、これらの届け出が必要であると言う。つまり、夏休みに勤務していない教師たちについて、「管理職がその動向を把握して、休暇の許可を与えています」「勝手に遊ばせていません」と世間の人々に説明する必要があるというのだ。

教師は、夏休みに勝手に遊ぶことができる「ふつうの市民」以下の存在であり、管理職によって厳しく指導されなければならない対象なのである。

コロナ禍の勤務体制も民間の後追い

新型コロナウイルスをめぐって、子どもについては分散登校や分散授業、自宅学習の措置がとられたとき、最初のうち、教師の時間差勤務や短時間勤務、在宅勤務のことは、教育行政からまったくアナウンスされなかった。

教育行政にとって関心があったのは、教師が公僕として子どもたちに尽くすことだけであり、教師自身の人権に関心がなかったのである。

ところが、民間企業の在宅勤務や時間差勤務の取り組みがマスコミで報道されるに及んで、教育行政はあわてて教師たちに指示を出した。

かつては、出産休暇や育児休暇、週休二日制の導入など、教師が社会の先頭を切って実現し、そのあとに民間会社がついてきたものだ。しかし、今では、福利厚生や労働環境の分野で、民間企業の後追いとなってしまった。

理不尽なクレーマーにも対処なし

学校というところは、非常に理不尽な要求が向けられるところである。

例えば、「担任を変えろ」とか「校長に今すぐ会わせろ」とか「教育委員会を呼んで来い」

といった要求である。

このような理不尽な要求に対して、学校は無力である。学校にはかつての威光もなく、民間企業のような契約の観念もないために、それをはねつけることができない。学校は、すべてを受け止めて、耐え続けるしかない。その結果、理不尽な要求による被害、すなわちクレーマー被害がどこまでも広がってしまう。

私が経験したある学校では、学校の土壌汚染疑惑を追及するクレーマーが、一週間に二回も三回もやってきて、クレームをつけた。一時間以上にわたり、校長や副校長や室長に汚い言葉を浴びせ、大声で責め立てた。

そもそも、学校の土壌汚染という問題は、校長の責任範囲ではないのだが、クレーマーに合理的な考えは通用しない。毎回同じ調子で言いたいことを一方的に話し、こちらの言うことはいっさい聞かなかった。

室長がメンタルをやられそうになり、校長が教育行政のしかるべき担当者に相談したところ、担当者の答えは、「とにかくもめ事を起こすな」「とことんていねいに対応して、納得してもらえ」「クレームのひどさがその程度なら、がまんせよ」ということだった。

悪質なクレーマーに対して、最も必要な態度は、毅然として、「できないものはできない」と宣言して、その要求を突っぱねることである。それでもダメなら、すぐに警察に相談することだ。逆に、最悪なのは、「話せばわかる」とか「当事者同士でトラブルを収めよ」という態度である。

それなのに、教育行政は、線引きを示さないばかりか、教職員が病気になりかかっているのに、守ろうともしない。恐るべき人権感覚の欠如である。

クレーマーの言っていることは、ある意味で「ないものねだり」の最たるものだ。学校は日常的に、一部の子どもや保護者からの「ないものねだり」を受け入れてしまっているから、クレーマーに対して毅然とした態度がとれないのは当然である。

学級だよりも公文書扱い

教育行政の教師に対する横暴さは、教師の生徒への指導に対して、官僚制的な統制を加えるということにあらわれている。

教師の生徒への指導は、基本的に、複雑で不定形だ。だからその指導は、教師と生徒の相性も考えて、多様で個性的な指導方法に任されるべきである。ところが、教育行政による官僚制的な統制により、そういう教師の創造的な営みが壊されてしまう。

例えば、学級だより、学年だより、教科の通信などは、かつて教師の自由闊達で個性を生かしたやり方が尊重されてきた。

クラスの中で、ある生徒が困っている友だちを助けたり、近隣の老人の手助けをしたりというような「いい話」をそのつど載せる。また、生徒の書いた作文を、本人の許可を得て載せる。教師と生徒の「交流のメディア」はさまざまな教育効果をあげてきたのである。

ところが、そうした「交流のメディア」を、教育行政や管理職は「公文書」と見なし、自分たちがふだんやりとりをしている役所の文書と同じように管理するようになった。自由闊達な表現がことごとく検閲されるようになり、場合によっては削除されるという事態が続出した。

教育行政や管理職に言わせれば、学校の外に向けて出される文書はすべて公文書であるから、公文書としての資格を満たすよう指導されるべきということになる。

自由で創造的な表現を奪われた教師たちは、学級だより、学年だより、教科の通信といったものを、ほとんど出さなくなってしまっている。

なお、現在は、ホームページや携帯電話への配信アプリが普及したので、学級だよりなども、これらを利用するのも一手かもしれない。高校などでは、これらを使って、部活動通信などをたくさん出している。

ただ、この場合に重要なのは、管理職のチェックは、事前チェックではなくて、事後チェックでお願いすることである。電子媒体で多くの人が目にする場合、なにか問題があれば、たいていは事後に指摘してくれる人が出てくるものだ。それは、管理職一人の目よりも正確である。

また、事後チェックにすることで、それを作成する教師たちが、事前に自主規制しないで済む。表現の自由な創造性はできるだけ生かし、チェックは、読み手の側の自然なチェックに任せるのだ。

文学的価値を無視した入試問題

入学試験の問題は、通常は教育行政が主導してつくっていく。彼らは、入試問題を公文書と考えているため、試験問題の質の低下を招いてしまう。

例えば、彼らは国語の問題について、それが小説であったとしても、「性、死、病、障害、暴力、差別を描いている作品はダメです」と言う。文学とはまさに、これらを描くことに本質がある。入学試験では、文学らしい文学を扱うことはとてもできない。

私の経験では、国語の作問《さくもん》において、ある有名な小説家の小説がボツになったことがある。この小説は、廃校が決まった高校最後の生徒たちを前にして、熱血教師が熱く語りかけ、行動を起こしていく青春小説だ。その熱い語りかけを、教育行政の役人たちが、「差別的」「上から目線」「ふさわしくない」という理由で却下してしまった。

文学作品については、教育行政の役人は素人なのだから、本来ならば、素人らしい謙虚さが必要なのに、彼らにはそうした謙虚さはまったくない。国語科の教師の言うことに耳を傾けようとせず、ただ一方的に、「差別的」「上から目線」「ふさわしくない」と決めつける。教育行政にとっては、公文書の価値こそが大切なのであり、国語科の教師が言う文学作品の価値などは、「入試問題の作問の常識を知らない」「素人の浅はかな価値観」に過ぎないというわけである。

行政にしか目を向けない学校管理職

それにしても、教育行政のこのような人権の無視や官僚制的な統制が、なぜここまで学校を支配してしまうのであろうか。

その理由の一つは、教育行政によるこのようなふるまいを、学校の管理職がそのまま受け入れてしまっているからである。私自身、副校長をやってみてわかったことであるが、学校の管理職は、教育行政の強力な管理下にあって、教育行政に異議申し立てをすることはほとんどできない。

学校の管理職は、「学校経営計画」を立て、その計画を遂行し、最後に学校経営報告をするという一連のサイクルで学校を動かしている。しかし、その計画も報告もすべて、教育行政によってフォーマットが定められ、また、教育行政との事前相談を経て作成される。

校長は定期的に教育行政の訪問を受け、「学校経営計画」の進捗状況について、進行管理され、評価を受けなくてはならない。この計画の内容は、非常に細かくて、なおかつ、数値で証明されるものでなくてはならない。遅刻の回数○○回減、英検二級合格○パーセントアップ、難関国立大学合格○割アップといった具合である。しかも、数値が合わなければ、教育行政から指導を受ける。

学校の管理職は、どんなに小さな事件、事故、苦情も、まずは教育行政に報告をして、教育行政の指導を仰ぎ、教育行政の進行管理にみずからを委ねなければならない。

例えば、ある教師とある生徒がトラブルになった、生徒の登校中に事故があった、放置自転車があったなど、とにかくすべてにおいて、まずは教育行政に報告する。副校長などは、この報告が仕事の半分近くを占めているといっても過言ではない。

行政の重要施策をなによりも優先

基本的に、教育行政がお金と人事を握っている。教育行政が推進する「言語能力向上事業」とか「環境教育推進校」とか「国際理解推進教育校」といった重要施策などに、学校が積極的に手をあげれば、予算がつき、人が配置される。

そのため、学校の管理職は、まずは「教育行政の重要施策ありき」で動き出してしまう。自分の学校のビジョンや現状分析から施策を出すのではなく、教育行政の重要施策に名乗りをあげてから、そこに自校のビジョンをむりやり合致させ、現状分析のつじつまを合わせ、教師たちを動かそうとする。

現場の教師たちは、そうした本末転倒のサイクルがわかっているので、この手のものについてはおおむね管理職には冷ややかで非協力的である。だからこそ管理職は、二〇代や三〇代の若手教師たちを囲い込み、「ダメ」なベテラン教師たちを排除して、この施策の実現に向かう。このようにしてまた、ベテラン教師たちと若手教師たちとの分断が深まってゆくのである。

現場の教師たちの「内なる官僚制」

管理職が抵抗できないために、教育行政の横暴なふるまいは学校に浸透していくのだが、原因は管理職にだけあるわけではない。

ここまで述べてきたような教育行政の管理強化は、官僚制の強化ともいえるものだが、それは、現場の教師たちの意識にも深く食い込んでいるからだ。つまり、現場の教師たちの「内なる官僚制」が、教育行政の横暴なふるまいを内側から支えている面がある。

国語の教科を例にとろう。

ある学年を教える教師が二人いたとする。この二人の教師は、一年間を通じてなにを教えるかについて充分に話し合う。そして、今日では、同じ学年や生徒を教えているのだから、テストではすべてを共通問題にしなければ、公正な成績をつけられないと、多くの教師が感じている。これには、最初に教育行政や管理職がそのように指導をして、教師たちはそれに従わされたという歴史がある。

そして、教育行政や管理職はやがて、テストが共通問題なら、授業でやる題材もすべて共通であるべきだと指導するようになった。さらにまた、題材がすべて共通ならば、題材の教え方も共通であるのが望ましいと指導するようになった。いわゆる「共通化」の進行である。

現場の教師たちは、それに抵抗することができなくなってきている。それを私は、教師たちの「内なる官僚制」と呼んでいるのだが、教師たちのそのような傾向には、「共通化」を支持する子どもや保護者が増えてきたという背景がある。

だが、国語の場合には、ある学年を二人の教師が教えていたとするならば、どの題材を扱うかについては、かならずしもすべてを同じにする必要はない。教えた結果を評価するテストについても、すべてを共通問題にするよりも、部分的には、それぞれが独自の問題を出したほうが教育的には望ましい。

もちろん、数学などとは事情が異なる。高校レベルぐらいまでの数学なら、教師にとって教えるべきことは誰にも見えているものだから、同じ題材を扱い、テストは共通問題にしたほうが合理的である場合が多い。

ところが、国語の場合には、教師にとって教えるべきことは、最初はそれほど明確には見えていない。教えるという事実を積み重ねていくにしたがって、だんだんと明確になってくる。教える過程であらわれる教師の個性や独自の切り口や解釈が重要になってくる。無理に共通化せず、それぞれの教師の個性に委ねたほうが、より教育的になる場合が多いのである。

そのような理由から、国語では、題材の選び方でも、テストでも、すべてを共通化するということはしなかった。それが近年では、だいぶ変わりつつある。その最大の原因は、教育行政や管理職からの指導である。だが、すでに述べたように、それは、教師たちの「内なる官僚制」として、教師たち自身の内面から受け入れられつつある。

しかしそれは、第5章で述べたように、教育のマニュアル化にほかならない。そして、教育のマニュアル化が、教育の自殺行為に等しいこともすでに述べた。なぜならば、例えば、個性的なデモシカ教師であるT先生（140ページ）のような授業は、けっしてマニュアル化することはできないからである。マニュアル化とは、そういう意味で、教師の個性の切り捨てそのものなのである。

受験のための「学力スタンダード」

「共通化」という時代の流れに乗って、東京都では二〇一三年から「都立高校学力スタンダード」という制度が重要施策として実行されている。

学力スタンダードとは、それを推進した教育庁の課長の言葉を借りれば、「生徒が都立高校に入学してから卒業するまでに、どのように成長するのか、都民の目に見えるように、数値化をする。そのために、各校の学力スタンダードを定め、それを各学校がクリアする必要がある」といったようなものだ。

具体的には、まず、都立高校の入学試験の分析をする。そのうえで、各校は、そのレベルごとの「学力スタンダード」に沿った授業をおこなっていく。結果は、民間業者の実力テストで確かめる。

このようにして、都立高校では、授業の共通化が推進されたのだが、これは要するに、高校入試から大学入試までの「受験のための授業」を学校が公的に認め、推進したことを意味する。

教科の教え方の共通化・標準化という形での教育行政の管理強化は、学校を、受験のための授業をする場に変えてしまったのである。

「功利主義的な自由」に慣れてしまった教師たち

教育行政の横暴なふるまいが学校を支配してしまうさらにもう一つの理由は、現場の教師たちの抵抗運動が盛り上がらないことである。

教師の抵抗運動は、二〇〇〇年代以降、「ブラック部活動」への異議申し立てを除いては、ほとんど起こっていない。それはいったいなぜなのだろう。

原因の一つとして、教師たちのあいだに大きく広がっている「功利主義的な自由」の考え方があるだろう。「功利主義的な自由」とは、「自由とは、他人に迷惑をかけないことによって、お互いのプライベートな個人生活を保障するものである」といった考え方である。

つまり、お互いに迷惑をかけないよう気遣いながら、公的な仕事の世界では業務を円滑に遂行し、公的な仕事とは切り離されたプライベートな個人生活で自由を謳歌するというものである。このような観点からすれば、ある教師が例えば「私事旅行願い」に抵抗したりすることなど、まるで理解できないことになるのだろう。

なぜ公的な仕事の世界で「すでに決まっていること」に反対するのか、その理由がよくわからない、そんなムダなところで自由を主張するよりも、公的な仕事を円滑に遂行したほうが得策だと考えるのだ。

また、教師の抵抗が、ときには集団化して、管理職とのあいだでトラブルになったり、彼らが職員会議などで長々と演説をしたりすれば、多くのふつうの教師たちに少なからぬ影響を与える。それは、他人に迷惑をかけないという「功利主義的な自由」の精神を踏みにじっていることになるから、許すことのできない行為となるわけである。

さらに、トラブルを起こしている教師たちは、これを「みんなの闘いなのだ」と言いたがるが、多くの教師たちにとっては「イデオロギー的な一つの考え方に過ぎない」と思われている。トラブルを起こしている教師たちは、一つの考え方にしか過ぎない自分たちの思想信条を、すべての教師に押し付けようとしている。それは、むしろ、自由を脅かす全体主義的なものなのではないかと疑われてしまい、逆に反発を生み出しているのである。

以上のような、「功利主義的な自由」の考え方には、非常によく当たっている面もあるため、これをいちがいに否定するわけにはいかない。とはいえ、こうした「功利主義的な自由」の考え方が浸透することによって、教師たちの抵抗が連帯して大きな力になっていかないのも事実である。

そこで、ここでは、少なくとも以下の二点について問題があると指摘しておこう。

第一に、自由とは、プライベートな個人生活として、私有するだけのものではない。自由とは、お互いにシェアする（共有する）もの、公的な世界で互いにシェア（共有）するものなのだ。

第二に、プライベートな個人生活を保障している豊かで便利な現在の社会を肯定するのはよいが、それを疑ってみることができないのはやはり見方が狭すぎるということだ。

必要なのは教師自身が闘うこと

教師が人権を尊重されず、官僚制的な統制を受けている——こうした現在の立場を、どうすれば変えていくことができるのか。

そのためには、なによりもまず、教師自身が闘うことから始めなければならない。

ただし、教師は、教育行政に対して直接に手を出すことはできないから、闘い方は、二面作戦になる。

一つは、教師たち自身が「職場づくり」をしていくことである。例えば、休暇の自由を取り戻すためには、教師一人一人が、例えば「私事旅行届け」を出さないようにすることだ。一人で闘うのがむずかしければ、職場の代表が管理職と交渉し、職員会議などの公の席で、「こういう届けは強制ではありませんね?」と確認することが大切である。

もう一つは、管理職との交渉を通じて闘っていくことである。管理職は、教育行政の意図を体現して、教師たちと向き合っているから、教師は、管理職と対抗したり、協力関係を結んだりして、この闘いを進めていかなければならない。
例えば、学校内で教師の人権がないがしろにされたり、教師の教育が官僚制的に統制されたりする場合、すぐに「管理職預かり」となり、最初から最後までことが進められる傾向がある。

だが、職員団体の代表である「校内委員会」や教職員の健康を扱う「安全衛生委員会」などの組織が、当該の教師と情報を共有できれば、かなりちがった展開になる。管理職は嫌がるだろうが、こうした職場の組織が、当該の教師に対して、セカンド・オピニオンのような役割を果たすはずだ。

学校の管理職も、教育行政の方ばかりを見るのではなくて、教師の方を向き、教師の声を、教育行政に届ける必要がある。管理職は、とことん教育行政にコントロールされる立ち位置にあるから、彼らが、その立ち位置を少しも疑わなければ、教師は彼らにとって、「言うことを聞かない」「指導が必要」な者たちにしか見えず、教師は「指導の対象」にしかならないだろう。

だが、学校の管理職は、現場の教師たちの代表でもあるのだから、教師たちの声によく耳を傾け、それを教育行政に反映させるべきである。また、勤務条件や職場環境についても、これからの「新しい働き方」を求めて、教師と一緒に模索していく必要があるだろう。

教師たちで施策を共同評価

管理職は基本的に教育行政の言いなりになる傾向があるが、それがかならずしも悪いというわけではない。なぜなら、学校教育の三つの役割、すなわち市民形成、社会化と社会化への抵抗、知的な主体の形成（50ページ）の達成は、どうしても画一的な営みだからである。そうであれば、例えば、「独自な校長」による「独自な取り組み」よりも「平凡な校長」による「平凡な営み」のほうがよい場合もある。

また、校長が、まずは「教育行政の重要施策ありき」で動き出すことも、かならずしも悪いというわけではない。それがきっかけとなって、前例踏襲ばかりの無風状態の学校が刺激され、よい結果をもたらすこともあるからである。

逆に、「独自な校長」が自分の学校分析から「独自なビジョン」を導き出すことが、かえってその学校を混乱させることもある。

つまり、現場の教師としては、このような重点施策に対して、費用対効果も考え、充分に評価する必要がある。自分たちの学校にとって、ほんとうに必要なものとそうでないものを見分けるための評価である。

学校のためにならないと思えば、管理職に対して反対しなければならないし、学校のためになる場合でも、それが教師たちの人権無視や官僚制的な統制を生み出さないか、監視していく必要がある。

例えば、学校に「日本語の読解力向上事業」なる「重点施策」がおりてきたとして、それをどのように評価するのか、具体例を示してみよう。

●全校課題なのか

「日本語の読解力向上事業」なるものが、ほんとうに全校の喫緊《きっきん》の課題と言えるのか。ほかにもっと重要な課題はないのかどうか。

●レベルが合うか

喫緊の全校課題だとしても、生徒の現状、すなわち生徒のレベルに合ったものかどうか。これは高すぎても低すぎてもダメである。

●内部の中間組織にとってどうか

この事業が、各教科の活動とマッチするのかどうか。この事業に関係することが、逆に各教科の活動の足を引っ張ることにならないかどうか。

●対応する体力

その事業が課してくる各種の調査、生徒への試験や検定、研究授業や研究会などに対応するだけの体力が学校にあるのかどうか。

●不易流行《ふえきりゅうこう》（変わらないものと変えるべきもの）

教育の「不易流行」に、かなうのかどうか。学校教育の七割から八割は「不易」のものである。そのうえで、その事業は、ほんとうに必要な「流行」と言えるのかどうか。

以上のような要素から、「重点施策」に対して、教師たちがみなで議論をし、共同で評価を下していく。そうすることで、現在の体制を疑わない「功利主義的な自由」に風穴を開けて、教師たちが互いに交流していくことができるのではないか。自分たちの学校をどうするのかという、公的な世界を互いにシェア（共有）することで、懸案になっているベテラン教師と若手教師との分断も乗り越えていくことができるのではないだろうか。

官僚制と正反対のことをやってみる

官僚制の論理は、いったん決定したことを変えることがなかなかできない。硬直した考えを生み出しがちだ。

例えば、生活指導において、「頭髪に関する指導の仕方はこのように決まっているはずだ」という原則を貫いてしまう。だが、生徒は生身の人間であるから、複雑な動きをするし、刻々と変わっていく。

そうした複雑さや変化に応じて、一度決めた方針でも柔軟に修正していく必要がある。学校の指導はいつでも修正可能なものであり、あえていえば、いつでも「後出しじゃんけん」ができる自由があることが重要である。


ここまで、学校にはびこる官僚制の悪影響を述べてきた。では、一教師の側からそれを変えていくことができるだろうか。ささやかな抵抗かもしれないが、少し考えてみよう。

学校から官僚制をなくすということは不可能だが、それでも、今のまま放っておけば、官僚制はどんどん進行していってしまう。ある程度の歯止めをかける必要がある。

マックス・ヴェーバーは、官僚制にとって特有なものを、「確かなもの」「非人格的なもの」「没主観的なもの」「合理的なもの」「数値化できるもの」「再現できるもの」「価値中立的なもの」とした。

であれば、意図的に、官僚制とは正反対のものに取り組むことも、一つの方策だろう。すなわち、「不確かなもの」「人格的なもの」「主観的なもの」「非合理的なもの」「数値化できないもの」「再現できないもの」「価値的なもの」である。学校でどのように取り組むことができるのか、具体例を示してみよう。

●不確かなもの――新しい企画やアイディアに積極的に挑戦
　結果が予測できないものに対して、その不確実性を恐れずに果敢に挑戦してみる。クラスレベル、学年レベルでできるような新しい企画やアイディアに挑戦する。
●人格的なもの――人に仕事がつくように組織を運営してみる
　「あの子の指導なら、○○先生がいい」とか「この企画なら△△先生に任せよう」という形で、人に仕事がつくように組織を運営してみる。
●主観的なもの――幅のある指導
　例えば、職員室で、ある生徒について、「こうではないか」「ああではないか」と話し合う。テスト問題で、その教師独自の問題を作成する。
●非合理的なもの――制服の着用、各種の服装規定、あいさつ、掃除、朝礼、など
　生徒の「学ぶ主体」をつくるために、制服の着用、各種の服装規定、あいさつ、掃除、朝礼など、一見すると非合理に見えることを続けなくてはならない。
●数値化できないもの――数値目標とは異なるところで教育目標を考える
　○○君が自発的に掃除をするようになる、××さんがある行事の中で一つの役割をこなせるようになった△△君が「カースト」が上の生徒に堂々と反論ができたなど、数値化でき

ないものを大切にする。

●再現できないもの――クラスリーダーと担任という関わりの実践

例えば、クラスリーダーと担任という関わりの実践は、何度積み重ねてみても同じものにはならない。そうした再現不可能なものを大切にする。

●価値的なもの――「君はなぜそう思うのか」「その根拠はなにか」

教師として、生徒に対して、例えば「君はなぜそう思うのか」「その根拠はなにか」「それはほんとうに正しいのか」と価値を問いただしていく。

官僚制の進行を少しでも押しとどめるためには、組織的なアプローチも必要である。それは、官僚制とは逆の組織論を考えることである。以下に、それを具体的に見てみよう。

●会議などで上級機関（トップ）を脇役にする

例えば、教務主任会、進路情報交換会などの外部の会議においては、教務主任や進路担当者を主役にして、司会をやってもらう。本庁の課長や統括や指導主事は脇役として、側面や後ろに控えてもらうようにする。

学校内のさまざまな会議においても同じである。管理職が主催しなければならない会議は最低限にして、あとは管理職が脇役で参加するか、または参加しないようにする。

●トップではなく、担任が判断する

現場にいちばん近い者が判断し、管理職はそこに乗る。

学校にも、トップダウンは必要だが、少なくとも子どもを教えるという「教育上の地位」に関しては、現場にいちばん近い者の判断が優れている。

だから、判断はつねにまず担任や学年団（学年ごと担任の集まり）がくだし、管理職はそこに乗っていくという形が重要である。

●情報へのアクセスと情報発信をできるかぎり自由にする

例えば、企画調整会議などの機関会議の情報は、できるだけオープンにする。また、各教員が自主的に発信する情報、すなわちホームページの記事、学級通信などの事前チェックはできるだけやめて、事後チェックとする。

ふつうの学校・ふつうの営みの大切さ

最後に、学校の「売り」ということについて考えてみたい。特に、高校の場合は、義務教育の学校とは異なり、その学校の「売り」を見出して、他校との差異化を図らなければならないと思われている。そうしなければ、その学校が地域の中で埋没し、場合によっては人気が低迷して、定員割れになってしまうのではないかと心配してしまうのである。そのために、管理職は、教育行政の重要施策に手をあげて、学校宣伝をしようとする。

私自身は、管理職をしていたころ、学校の「売り」をつくって他校との差異化を図ることは、とても重要だと思っていた。

かつて、真ん中より少し下の、ある学校の管理職だった私は、学校の「売り」を次のように打ち出したことがある。

●基本コンセプトは、自分の「やりたい」を見つけられる学校。勉強、部活動、行事、ボランティアにおいて。

●勉強をがんばりたい子に「勉強クラブ」。土曜講習、チューター付きの自習室、勉強会。

●部活動をがんばりたい子に部活動。部活動の特別推薦の実施、部活動の加入率九〇パーセント。

●行事で楽しみたい子に、文化祭、体育祭、合唱祭の三大行事。文化祭来場者、一日二五〇〇人を超える。

●学校外のボランティアに興味のある子には、多様なボランティア活動を提供する。合計で三〇種類以上のボランティア活動。

●以上のことを実現する土台として、生活指導は厳しく、アルバイトは原則禁止である。

このような学校宣伝により、この学校では、一時期は入試倍率が二倍近くまで上がったことがある。そのあおりを受けて、同じレベルの近隣の学校は倍率を落としたものである。

しかし、それは長続きしない。無理をしている面も大きい。こうしたキャンペーンをしているときは、「勉強クラブ」でも、部活動でも、学校行事でも、ボランティアでも、それほどやる気のない生徒をむりやりに引っ張るような場面が出てくるからである。

あるいは、これらの活動が競合して、お互いに否定し合うような場面も出てくる。

過大なイメージが先行して、子どもや保護者から「実際はちがうじゃないか」というクレームが来たりすることもあった。

それでも、この当時、学校の入試倍率が上がったぶんだけ、それぞれの分野で、やる気のある生徒が入学してきたし、教師たちも、自分の得意分野で自分の力を発揮して、やりがいを感じられる面もあった。だから私は、こういう学校の「売り」は、ある程度の意味があると考えている。

しかし、そう考える一方で、「売り」の競争ばかりでは、学校の未来が危ういのではないかとも感じている。

学校とはこんなふうに「売り」をそろえて販売競争をするだけのものではないはずだ。より本質的には、学校の役割は、子どもたちをりっぱなオトナにすることのはずである。だから、どれだけ「売り」をそろえられるかよりも、学校が「ふつう」であることや、そこで子どもが充実した学校生活を送ることができるほうが重要である。

つまり、学校にとって大切なことは、商品としての「売り」や「買い」なのではなくて、生徒たち同士あるいは教師と生徒同士が切磋琢磨《せっさたくま》して成長していくことなのである。そういう意味で、本書で述べてきたような「ふつうの学校」の「ふつうの営み」がもっと見直されなければならない。

まとめ

最後に、ここまで述べてきた締めくくりとして、「まとめ」をしてみたいと思う。ここでは、現在の教育を圧迫して、教師の仕事に過度な歪みをもたらしている「6つの正論」を列挙してみる。そして、それらの「正論」によって起こっている「現実」と、そこから生じる「悪循環」、そして、その「悪循環」に対する「解決策」を示した。

〔正論1〕「子どもの命」を守る教育が学校教育の最高の価値である。（⇓18ページ）

【現実】「子どもの命」を最高の価値とすることで子どもの存在が不可侵なものとなり、教育が不可能になる。

◆悪循環

①子どもの命の価値が突出して、それ以外の教育的な価値が切り捨てられる。
②子どもの命が「傷つく」ことが最も重大な事実になり、「私は傷つきました」と言われれば、教育が成り立たない。
③福祉的・医療的・保健的な「まる裸の子ども」がすべて教育対象となり、教師は追いきれない。
④これら①〜③はとくに学力下層の学校に集中し、そうした学校から教師が大量に逃げ出す。

◆解決策

【総論】学校は、不可侵になった子どもに対して、学校の「あたりまえ」を突きつけて、教育的な指導をする。
●子どもの命の価値とは別の教育的な価値を見直し、指導する。
●「傷つきました」という言葉をマジック・ワードにしない。起こった出来事について対話し、共同の判断を下す。
●学校の限界ラインを明確にする。子どもが「死にたい」と言い出したら、医療に任せる。学校が責任をもてるのは、勉強できる体制が整ったさきのことである。
●子どもたちを「生徒という枠」に入れるための「学校の初期設定」を大切にする。
●子どもにとって必要なことは、補習教育（リメディアル教育）のような基礎的で習慣的なものである。

〔正論2〕閉鎖的な学校社会を開き、通常の社会に近づけていく。（⇓48ページ）

【現実】学校を通常の社会に近づけていくことは、子どもを「一人前の小さなオトナ」として保護的に扱うことになり、子どもを傷つきやすく自立できない存在にしてしまう。

◆悪循環

①学校が「通常の社会」に近づけば、子どもを「小さな一人前のオトナ」として保護的に扱うようになる。

②教師が従来の教育をすると、「子どもが壊れてしまう」と感じられるため、教師は子どもに制限や抑圧を加えなくなり、自己変革を迫らなくなる。

③その結果、学校は、子どもを「自立」させること――「一人前の市民」を形成する、成熟した「オトナ」を形成する、子どもの知的な主体を形成する――ことに、失敗している。

◆解決策

【総論】学校は、「特殊な社会」であることを大切にし、子どもを「未熟な者」として扱い、「学ぶ主体」の形成を通じて自己変革を促し、自立できるようにする。

●子どもを「小さな一人前のオトナ」としてだけでなく「未熟な者」として扱い、「学ぶ主体」の形成をめざす。

●学校は子どもに対して、公共性を身につけるための市民形成をしなければならない。

●学校は子どもに対して、社会化と社会化への抵抗を通じて、幼児的な万能感を克服させ、成熟した「オトナ」にする。

●教師は、子どもとともに、はっきり見えないものや決定不能なものに満ちた世界を歩きながら、知的な主体を形成する。

〔正論3〕学校の教育サービスは、民間の教育サービスに比べて質が低いから、民間を見習って、質を上げるべきだ。(⇒86ページ)

【現実】学校の教育は「贈る」という営みであり、それは「総合的な技術力の追求」「自発性と納得の原理」「市民社会的な性格」という本質をもつ。そういう営みが、塾と同様の消費者主権的な教育サービスのように見なされることで破壊されようとしている。

◆悪循環

●部活動は「贈る」という営みだったのに、市場主義的な「優良商品」としてのサービスを要求されるようになった。

●部活動は、自発性と納得の原理でやっていたのに、それが消えて、「自発性の強制」をされてしまう。
●学校の「優良商品」は消費者主権的な性格を強め、市民社会的な要素が消えていった。
●部活動以外にも「自発性の強制」が広がり、管理職と教師自身が「やれる教師」に押し付けている。

◆解決策

【総論】学校の教育は「贈る」という営みであることに立ち返り、その優越性を証明できる、教科指導や生活指導や学校行事の指導で、教師は勝負する。また、「自発性の強制」から抜け出すための工夫をする。
●「総合的な技術力の追求」「自発性と納得の原理」「市民社会的な性格」は、教師のあらゆる教育指導で、とくに教科指導や生活指導や学校行事の指導で追求されるべきだ。
●部活動などは、消費者主権的な教育サービスが広がっていることから、学校がどうしても守らなければならない教育活動なのか、議論をしていく。
●自発性の強制から離脱するために工夫する。
a　職務ではない活動については、「説得と納得」によるボランティアだと、管理職に明言してもらう。「説得と納得」とは、管理職の説得に、教師が納得しなければ拒否できることだ。

b　苦情処理は職員団体（組合）の代表である「校内委員会」あるいは校内の「安全衛生委員会」などが担う。

c　「部活動ガイドライン」等の新しいルールを、学校全体で守る体制をつくる。

〔正論4〕　管理職と教育行政のリーダーシップによって学校にアクティブ・ラーニング（AL）を根付かせていく。（⇒94ページ）

【現実】　授業については素人の管理職が授業の指導をしようとするから、その指導の中身は的外れとなり、教師にも生徒にも不幸をもたらしている。

◆悪循環

①管理職が、ALという「唯一の正しい教え方」があると確信することにより、管理職は素人なのに、自分に授業を指導する資格があると思い込む。

②管理職は、頭の中だけで理想化した授業、汎用可能な授業評価により、恣意的な授業評価と授業指導をおこない、教師の意欲をくじき、生徒の学びを阻害している。

③ALを推進する教師は、ALの原理的な無理を見ないので、管理職が進めている素人の評価と指導に加担することになる。

◆解決策

【総論】教師たちは、素人の評価と指導の誤りを指摘するべきだ。

●授業観察などで素人の管理職が的外れの「指導」をしてきたら、教師は、専門性の観点からその誤りを指摘するようにする。

●教師たち自身による授業づくりを推進する。

●教師は、ALの原理的な無理を自覚し、一斉授業とのバランスでその無理を克服する。

〔正論5〕人々の要求に応えられない教師や学校は、みずからを反省して、変わるべきだ。

（⇒118ページ）

【現実】教師にはとても実現不可能な「教育サービス」が、当然のものとして要求され、それができない教師をバッシングすることで、教師の待遇をどんどん悪くしている。

◆悪循環

①人々は教師を、自分たちの欲望をなんでもかなえてくれる「都合のよいドラえもん」のようなものであると考えている。

②だが教師は、都合よく人々の欲望を実現できないから、人々は不満をもって言う。「あなた方は先生でしょう？　それぐらいのことはきちんとやってよ」

③教育行政が出てきて、時代の変化に合わせた「教師の改革」を手がけて、人々の欲望に応えようとする。

④その結果、教師は、自主研修や自由な地位を奪われ、ボトムアップのための中間組織をないがしろにされ、勤務条件や職場環境が劣悪になった。

◆解決策

【総論】第一は、教師たち自身の手でムーブメントを起こして、自主的な授業づくりや中間組織づくりをする。第二は、教師を「ふつうの職業人の一人」として見て、今日の「新しい働き方」をあてはめる。

●学校内でムーブメントを起こして、「授業リーダー」たちによる、教育上の指導を確立する。

●各教科の教科会など中間組織に、人事と予算と施設と研究の権限を与える。

●職員会議での「全員ミーティング」の復活をする。

●個性的な「デモシカ教師」の活躍する場を、学校の中で保障していく。

●「ふつうの職業人」の一員として、教師にも「在宅勤務」と「裁量労働制」を導入する。

●パソコンを教師に一人一台用意して、インターネット自由、持ち帰り自由、フリーメール自由とする。

〔正論6〕　教育は中立的なものだから、教育行政は適正に教育を運営している。（⇒146ページ）

【現実】　教育行政は中立と思われることでチェック機能が働かず、社会主義国のような巨大な官僚組織となり、教師をその官僚組織の「コマ」として扱うことで、教師の人権をないがしろにし、教師への官僚制的な統制を強めている。

◆悪循環

①教育行政にはチェック機能が働かず、執行機関、立法機関、司法機関、研究機関を兼ねた、巨大な官僚組織になっている。

②学校の管理職が、教育行政にコントロールされることが多いため、教育行政の横暴な権力が、教師にダイレクトに届いてしまう。

③教師自身の「内なる官僚制」や「功利主義的な自由」の考え方によって、教師の抵抗のための連帯が、生まれてこない。

④その結果、教育行政によって、教師の人権がないがしろにされ、教師への官僚制的な統制が、強められてしまう。

◆解決策

【総論】　教育行政に対する闘いは、二面作戦になる。一つは、教師自身が、「職場づくり」

をして闘っていくことである。もう一つは、管理職との交渉を通じて闘っていくことである。
●「私事旅行届け」の類については、公的な場で、「強制ではない」ことの確認をする。
●重要施策への評価を通じて、教師自身が全校的な議論をすることで、「功利主義的な自由」に風穴を開け、ベテラン教師と若手教師の分断を乗り越えていく。
●学級だよりなどは、電子媒体で出し、チェックは事前チェックではなく、事後チェックにする。
●職場の組織を通じて、トラブルになった教師に対して、セカンド・オピニオンを出していく。
●管理職に働きかけて、教師の声を教育行政に反映してもらう。
●官僚制とは正反対のことをやる。
●官僚制の組織論とは逆の組織論を提案し、管理職に実行させる。
●「ふつうの学校」の「ふつうの営み」を大切にする。

あとがき

教育は、複雑で謎だらけである。

それは、人間が、複雑で謎だらけだからである。

教育が、そんな人間の手によっておこなわれる以上は、その人間を通じてしか教育は伝わらない。教育は、人間の複雑さと謎とを媒介にして、人間と人間との対話を通じて、人間と人間とのふるまいを通じて、伝わるのである。

そもそも、子どもというものが、複雑で謎だらけである。子どもはたしかに、「未熟な存在」であるが、それは「オトナの縮小形」なのではない。子どもは、子どもという独自の存在なのであり、しかも、自分の価値とか基準といったものそのものを、生成し、更新している最中の存在である。

だから教師は、子どもとともに世界を歩き、子どもとともに試行錯誤をしなくてはならない。それは、かなり面倒な歩みである。だから、たとえどんなに拙《つたな》い対話やふるまいであろうとも、その教師自身と生徒自身との対話やふるまいを通じてしか、その面倒な歩みを歩むことはできない。そして、原理的に言って、その歩みは一回限りの出来事であり、それをそのままくりかえしたり、マニュアル化したりすることはむずかしい。

だが、人々は今、そんな歩みを放棄して、わかりやすいマニュアルに頼ろうとしているのではないか。「各個人の価値の尊重」という価値相対主義を隠れ蓑にして、じつは一回限りの対話やふるまいを棚上げにし、この面倒な歩みに踏み込むことから逃げ出そうとしているのではないか。

学校教育の「贈る」という営みは、複雑で謎だらけである。

その中身は、一人前の市民の形成、成熟した「オトナ」の形成、知的な主体の形成という公共的なものであるが、それは、塾のサービスのようにマニュアル化し定量化することはできない。

教師が、なにを贈るのか、どれだけ贈るのか、どんなふうに贈るのか――そうしたことはすべて、その教師自身と生徒自身の状況と裁量によって決められてくる。「贈る」という営みは、そういう意味で、マニュアル化することがむずかしい。だからこそ、教師たちは例えば、「チャイム着席」のような学校の「あたりまえ」を共有して、子どもたちを「生徒という枠」に入れて、この困難な営みを遂行しているのである。

ところが今、人々は、そのような学校の公共的な使命から目を背《そむ》けて、市場主義的な自己利益に向けて走り出しているのではないか。だからこそ人々は、その自己利益をなんでも実現してくれるような「都合のよいドラえもん」を、教師に期待しているのではないか。

教育は、複雑で謎だらけである。

そのことがわかっていれば、「教育することは良いことだ」という確信を、われわれは捨てなければならないだろう。人間に限界がある以上は、教育にも限界がある。そうである以上、どのように工夫をしたとしても、教育が子どもにつらいものとして働き、苦しむ子どもがいることを想定するべきであろう。

ところが今、人々は、そのような教育の限界に目を向けず、まるで科学技術の進歩を信じるように、教育の進歩とそのバラ色の未来を信じようとしているのではないか。

もちろん、私は、教育の効用を、否定するものではない。けれども、教育もまた、言ってみれば、薬の一つであり、「副作用」や「薬害」から免れることはできないのだという覚悟は必要であろう。

教育は、複雑で謎だらけである。

だから皆が知恵を出し合い、試行錯誤することが大切である。

教育が、人間の手によっておこなわれる以上は、効果はすぐにあらわれるものではないし、期待通りに事が運ぶわけでもない。よくも、悪くも、人間である可能性と限界の中で、教育が営まれる以上は、その人間がもつ個性の可能性と限界を通じてしか教育は実現しないのである。

このような教育の「平凡さ」に着目したうえで、教育について、皆で語ることが大切である。一部の専門家の議論に振り回されることなく、子どもが、保護者が、教師が、世間の人々が、教育について語っていくことが大切である。

そういう意味では、私は、議論をする「国民の良識」というものを信じる者の一人である。

なお、ブログとフェイスブックノートで、日々、学校教育の問題を考えています。興味のある方はアクセスしてみてください。喜入克の教育論「空色」でヒットします。

参考文献

マーサ・C・ヌスバウム『正義のフロンティア：障碍者・外国人・動物という境界を越えて』神島裕子訳／法政大学出版局／二〇一二年
東浩紀『動物化するポストモダン』講談社現代新書／二〇〇一年
ロック『教育に関する考察』服部知文訳／岩波文庫／一九六七年
堀裕嗣『スクールカーストの正体：キレイゴト抜きのいじめ対応』小学館新書／二〇一五年
ウェンディ・ブラウン『いかにして民主主義は失われていくのか：新自由主義の見えざる攻撃』中井亜佐子訳／みすず書房／二〇一七年
加藤典洋『小説の未来』朝日新聞社／二〇〇四年
近内悠太『世界は贈与でできている：資本主義の「すきま」を埋める倫理学』NewsPicks パブリッシング／二〇二〇年
湯浅博雄『贈与の系譜学』講談社選書メチエ／二〇二〇年
鳥飼玖美子『英語教育の危機』ちくま新書／二〇一八年
熊谷晋一郎『当事者研究：等身大の〈わたし〉の発見と回復』岩波書店／二〇二〇年
東谷護編著『教養教育再考：これからの教養について語る五つの講義』ナカニシヤ出版／二〇一九年
東浩紀・大澤真幸『自由を考える』NHK出版／二〇〇三年
大澤真幸『自由の条件』講談社文芸文庫／二〇一八年
ハンナ・アレント『人間の条件』ちくま学芸文庫／一九九四年
デヴィッド・グレーバー『官僚制のユートピア：テクノロジー、構造的愚かさ、リベラリズムの鉄則』酒井隆史訳／以文社／二〇一七年
マックス・ウェーバー『権力と支配』講談社学術文庫／二〇一二年
苅谷剛彦『追いついた近代　消えた近代：戦後日本の自己像と教育』岩波書店／二〇一九年
権安理『公共的なるもの：アーレントと戦後日本』作品社／二〇一八年

著者略歴――――
喜入克《きいれ・かつみ》
1963年、東京生まれ。立命館大学文学部卒。1988年から都立高校の教師となる。2012年～2018年まで、三つの都立高校で、副校長を務める。管理職として都立高校の改革を目指したが、うまくいかなかった。そのため、2019年から、管理職を辞めて、一教師に戻る。現在、東京23区内の都立高校の教務主任。教科は国語科。プロ教師の会(埼玉教育塾)の会員、都立高校の現場から、教育を考えるミニコミ誌『喜入克の教育論「空色」』を主宰している。著書に『高校が崩壊する』(草思社、1999年)、『それでもまだ生徒を教育できるのか？』(洋泉社、2002年)『「教育改革」は改革か』(ＰＨＰ研究所)、『叱らない教師、逃げる生徒―この先にニートが待っている』(扶桑社、2005年)など。

教師の仕事がブラック化する本当の理由

2021年1月28日　第1刷発行

著　者　喜入　克
装幀者　Malpu Design(清水良洋)
発行者　藤田　博
発行所　株式会社 草思社
〒160-0022　東京都新宿区新宿1-10-1
電話　営業 03(4580)7676　編集 03(4580)7680

本文組版　株式会社 キャップス
印刷所　中央精版印刷 株式会社
製本所　株式会社 坂田製本

ISBN978-4-7942-2492-7 Printed in Japan　検印省略